仕事を
投げ出したくなった
時に読む
金言・格言

黒岩勇一
【編著】

KKベストブック

まえがき

毎年多くの新社会人が誕生する。期待と不安。それを胸の内に秘め、新社会人はそのスタートを切る事になる。最初の頃は当然、無我夢中であろう。仕事に必要な知識は浅く、技術は未熟な状態であり、戸惑いを覚える事も多いと思う。また、上司から指導のための叱責が飛べば、落ち込む事もあるだろう。

入社一年目の新人にとっては、毎日が緊張の連続と感じられるかも知れない。新人はベテランからすれば、まだタマゴのようなものである。また経験二〜三年の新米も、「石の上にも三年」という諺からすれば、まだまだヒヨッコのようなものと言えよう。しかし、そのタマゴもヒヨッコも職場で揉まれながら仕事を覚えてゆき、次第に成長してゆくのである。

もっとも、ある程度仕事を覚え、それなりに役割を果たせるようになったからといって、それで満足するような人物ではその先の成長は望めない。自分は途上であると自覚し、より高い目標を目指す人物でなければ、高評価の仕事・業績は成し遂げられないと言える。

現在は、いわば激動と混迷の時代である。どの組織・団体も、安閑としていられない時代と言える。そのような時代にあって、〈働くすべての人々〉は、それぞれの職場で日々、闘い、迷い、不安を抱き、後悔し、自信を失くし、息を抜き、情熱を燃やし、夢に挑戦し、決断を下し、生きているのである。改めて言うまでもなく、仕事とは、個々人がノウハウやスキルなどを駆使し、また企業などの組織を通じて一定の製品やサービスを提供する事で社会に貢献する営為である。

より良い製品、より良いサービスで社会に寄与するために、企業や団体などの組織は存在している。では、組織内で働く人々に求められるものとは何であろう。当然、業種、職種によっても異なるが、ノウハウやスキルというものは基本である。

しかし、それだけでは組織は上手く動かないし、成長・発展もない。成長や発展を遂げるためには、そこで働く人々が人間関係の構築力、コミュニケーション力、課題・問題の解決力、外国語力、ＰＣスキル力、想像力・創造力などを働かせる事が不可欠である。それらをフルに働かせる事で初めて、組織はより良い製品やサービスを世に供給する事ができ、効率性や合理性を追求できるのである。その意味では、職場とはそこで働く各自がその能力を発揮し合う、言わば道場やリング、フィールドのようなものと言えよう。

それは、経営陣から新人まで共通している。つまり、組織や団体などの経営者や役員、管理職といった指導的立場の人々から新人に至るまで、その立場、立場で必要な知識やノウハウ、スキル、コミュニケーション力、想像力・創造力などが求められていると共に、決断力や行動力、先見性、またその土台となる思想、哲学なども求められているのである。

そのような闘いの場である職場では、問題が生じる事も多く、それがそこで働く人々の気持ちに様々な影響をもたらす事もけっして少なくはない。例えばそれは、何かの失敗、結果・成果が出ない事への焦り、上司や同僚との人間関係、コミュニケーション不足による誤解や勘違い、ノウハウ・スキルが向上しない事への不安、人事や賃金への不満、仕事の適性に関する疑問、将来不安……等々である。

それらの結果、ストレスを感じたり、病気になったり、運が悪いと思い込んだり、同僚などを妬んだり、転職という言葉が浮かんでしまうといった、負のエネルギーが生まれる事はよくある。

そんな時にぜひ、手にとってもらいたいのが本書である。

歴史に名を残した偉人や、分野に関係なく何かの世界で確かな実績を残した人の〈言葉〉の中には、人々の心を震わせ、魂を揺さぶる〈金言・格言〉が多くある。けっして上っ面だけではない、重く、深い〈金言・格言〉である。そういった〈金言・格言〉は、けっしてあなたを裏切らない。

あなたの心を震わせた〈金言・格言〉をじっくり味わい、胸に秘め、今あなたを悩ませている仕事の難題に立ち向かって頂きたい。本書はサラリーマンに限らず、〈ここぞ〉という勝負どころを迎えたあらゆる人にとって有益であり、人生の羅針盤になり得るものと考えている。

さあ、珠玉の〈金言・格言〉に触れてみよう。そしてそこから、あなたにしか分からない、あなただから共感できる何かを獲得しよう。

なお本書においては、金言・格言の発言者の表記は〈文中敬称略〉にさせて頂くと共に、肩書きは一般的に知られている名称で統一しました。また物故者や引退している人については原則的に、現役時の肩書き（例・○○会社社長、プロ野球選手など）を記す形を取っています。一方、金言・格言における漢字の開閉などの表記に関しては原則、参考文献のままと致しました。

【目　次】

1 章

仕事に対する基本的な心構えと姿勢

人は、仕事を通じてお金を得るだけではなく、それぞれが与えられた役割を遂行し、それで達成感を味わうと共に、社会的な貢献を果たしている。そのような各人の仕事という営為により、世の中というものは成り立っているのである。

農林水産業を始め、医療、介護、教育、流通、運輸、マスコミ、食品（加工）、アパレル、建築・建設、金融、通信、各種製造業、各種公務員……等々、世の中には様々な分野の仕事（職業）があり、その各種の仕事で多くの人々が汗を流し知恵を絞る事で、この社会は動いている。

業種、職種などにより当然、必要なノウハウやスキルは異なるが、興味深い事に、仕事には職場を超えて共通して取得すべき、または自覚すべき基本的な心構えや仕事に対する姿勢といったものがある。ここでは、その基本的心構えや姿勢について語ったものを掲載した。そのヒントや本質を、金言・格言の中に見出して頂きたい。

「これはオレが苦労して育てたんだ」といえる仕事を一つは残してもらいたい

三村庸平（三菱商事社長・会長）

朝、会社の玄関に入るときに、下腹にエィと力を入れて、「ここからが修羅場だぞ」と自分に言い聞かす

諸橋晋六（三菱商事社長・会長）

家庭も学校もあてになりませんので、企業で教育をしなくてはね。企業は道場ですよ

素野福次郎（ＴＤＫ社長・会長）

下足番を命じられたら、日本一の下足番になってみろ。そうしたら誰もきみを下足番にしておかぬ

小林一三（阪急グループ創業者）

傍観者ではダメである。どんな仕事でも、当事者になることが肝心である

藤田　田（日本マクドナルド創業者）

楽しいと思う方法で毎日トレーニングせよ。ベストを尽くせば誇りに思える自分にとってのオリンピックで「達成感」という金メダルを勝ち取ろう

カール・ルイス（陸上短距離選手・五輪金メダリスト）

ぼくがこれまでどうやってきたかは教えられるけど、
貴方がこれからどうするかはじぶんでかんがえなきゃね

ジョン・レノン（ミュージシャン）

仕事は自分で見つけるべきものだ。また職業は自分でこしらえるべきものだ。その心がけさえあれば、仕事、職業は無限にある

豊田佐吉（発明家・事業家・自動織機開発者）

私のように独立独歩で生きる自信のなかった「普通の人」にとって、組織は人間を鍛え、成長させ、多くのことを教えてもらえる「啓発」の場であった

舘　豊夫（三菱自動車工業社長・会長）

働いたってどうにもならんことがあるものか。働き方がわるいだけの話さ

岸田國士（劇作家）

一般に日本人は肩書きを尊びますが、実はこれほど有害なものはありません。自分自身を見つめることを妨げるからです

宮沢次郎（トッパン・ムーア会長）

各自の天性に最も適合した職業に従事し、
死期に臨んで少しの遺憾もない活動をなせ

シドニー・スミス（聖職者・詩人）

仕事というものは、たとえて言うなら運動会のリレーである。
次のランナーにいかにうまくつなぐかが重要なのだ

三田勝茂（日立製作所社長・会長）

仕事には節というものがある。仕事の節は一日ごとにつけていきたい。朝職場に入った時に、今日やるべき仕事がもうちゃんと決まっている。それを全部果たすことによって今日の仕事が終わる。仕事を中途半端に残して家路につくいやな気持ちは、誰しも心覚えがあるはずだ

土光敏夫（石川島播磨重工業社長・東芝社長・臨時行政調査会会長など）

私は、この世を、めいめいが何か一役ずつ演じなければならない舞台だと思っている

ウィリアム・シェイクスピア（劇作家）

仕事をする時は上機嫌でやれ。そうすれば仕事もはかどるし、身体も疲れない

ワーグナー（作曲家）

知らないという口実は、決して責任を消滅させるものではない

ジョン・ラスキン（芸術評論家）

最初から和尚はない。ふき掃除から洗濯まで、小僧の苦労を重ねてこそ大和尚になれる

安藤楢六（小田急電鉄社長）

大事なことは少しずつ吸収されていくんだ

ウディ・アレン（映画監督・俳優・脚本家）

すぐ、わかりましたという人間に、わかったためしはない

小早川隆景（戦国武将）

キュウリを植えればキュウリと別のものが収穫できると思うな。
人は自分の植えたものを収穫するのである

二宮尊徳（農政家・思想家）

なにも考えずに権威をうやまうことは、真実に対する最大の敵である

アルベルト・アインシュタイン（物理学者）

私は天才ではない。ただ、なかには得意なこともある。
私はなるべくその得意な分野を離れないようにしてきたのだ

トーマス・J・ワトソン（IBM初代社長）

プロというのは寝ても覚めても仕事のことを考えている。
生活すべてが仕事。そこがアマチュアとの絶対差だ

相田みつを（書家・詩人）

どうして君は他人の報告を信じるばかりで、
自分の眼で観察したり見たりしなかったのですか

ガリレオ・ガリレイ（天文学者・物理学者）

今日なしうることだけに全力をそそげ、
そうすれば明日は一段の進歩を見るだろう

アイザック・ニュートン（物理学者・数学者・天文学者）

仕事を追え。仕事に追われるな

ベンジャミン・フランクリン（政治家・気象学者・物理学者）

一時間の浪費を何とも思わない人は、まだ、人生の価値を何も見つけていない

チャールズ・ダーヴィン（自然科学者・生物学者）

自分に本当に向いた、心から打ち込める仕事から、
働く意欲と励みを見出して、成功への道を踏み出すことだ

アレクサンダー・グラハム・ベル（発明家・科学者・AT&T社創業者）

仕事の喜びを知る秘訣は、たった一つの言葉で言い表すことができる。それは、「よい仕事をするためには、それを〝楽しんで〟やることだと知ることである」ということだ

パール・バック（作家）

楽しんでやる苦労は、苦痛を癒すものだ

ウィリアム・シェイクスピア（劇作家）

今の仕事を好きになって一生懸命やったとき、次なる道が見えてくるものだ

スティーヴン・ホーキング（理論物理学者・ケンブリッジ大学教授）

将棋は、常に集中力と持続力のコントロールが欠かせない勝負です。でも、どんな仕事でも、おもしろい部分を見いだすことで集中するのか、その仕事をはかどらせるポイントだと思います

羽生善治（将棋棋士）

「一生懸命やっています」は、あくまでもほかの人から言ってもらうことであって、自分から言うことではない

イチロー（プロ野球選手）

道具を大切にするものは将棋も上達する

大山康晴（将棋棋士）

良い条件が良い環境とはかぎらない。
「本当にやりたいことはこれ！」という自分の声を聞け
松岡修造（テニスプレイヤー・スポーツ解説者・タレント）

情報っていうのは、すべて知る必要はなくて、どこでこの情報が手に入るかということを知っていれば、知っている必要はないんだ
リチャード・ソウル・ワーマン（情報アーキテクト）

会社で働くなら知恵を出せ、知恵のないものは汗を出せ、
汗も出ないものは静かに去って行け
土光敏夫（石川島播磨重工業社長・東芝社長・臨時行政調査会会長など）

メモこそ命の恩人だ
トーマス・エジソン（発明家）

あいさつというのは人間関係の前提状況を造る設定です。あいさつを交わすことによって、場が設定され、事物の進行の前提状況ができます。そのときに、勘のいい人間は、相手と自分の距離を瞬時に測ることができます

村上　隆（現代美術家）

私が自分だけのために働いているときは、自分だけしか私のために働かなかった。しかし、私が人のために働くようになってからは、人も私のために働いてたのだ

フランクリン・ルーズベルト（米国大統領）

会社の仕事も忙しいでしょうが、できるだけ社外の仕事に参加しなさい。協力しなさい。そこで社会の原理を学ぶのです

福原義春（資生堂名誉会長）

小さなことの軽視が後の大きな過失につながる

ベンジャミン・フランクリン（政治家・気象学者・物理学者）

与えられた仕事を命じられたままトレースするのではなく、
自分の持つ知識・能力・技術・アイデアをプラスし、自分の足跡を残せ

井植歳男（三洋電機創業者）

人にとって最も恐ろしいのは、惰性で日を送ることである。
向上心があれば、飽きることがない

西堀栄三郎（登山家・南極観測隊隊長）

時間を守れん人間は、何をやってもダメだ

田中角栄（首相）

初心忘るべからず

世阿弥（猿楽師）

過てばすなわち改むるに憚ることなかれ

孔子（儒家始祖）

心構え。すなわち心的態度というものを軽視してはなりません。知識や才能も大切ですが、それよりももっと大切なのがこの心的態度だからです。心でどう思ったか、どう考えたかがその人の才能や努力、知識以上に重要な働きをするのです

ジョセフ・マーフィー（著作者・教育者・講演者・精神法則の権威）

交渉で私が一貫して心掛けたのは、

「ウソを言わない」「約束は守る」の二点だった

永倉三郎（九州電力社長・JR九州会長）

職場はもちろん、家庭もしかり。あらゆるところ、道場と思う心が大切だ。その心構えさえ持てば、酒場も立派な道場ということになる

上山善紀（近畿日本鉄道社長・会長）

山が高いからといって、戻ってはならない。行けば超えられる。仕事が多いからといってひるんではいけない。行えば必ず終るのだ

（モンゴルの諺）

目的とすると辛くなるから、楽しみにするんだよ

中村天風（思想家・実業家・日本初のヨーガ行者）

重役とは未知への探究をする役である。重役が未知の探究をしないで後始末ばかりしている掃除屋であってはならない

藤沢武夫（本田技研工業副社長・最高顧問）

人間の目的は、生まれた本人が本人自身に作ったものでなければならない

夏目漱石（作家）

今日というその今日のうちに働くべし

早矢仕有的《はやしゆうてき》（丸善創業者）

社長なんて偉くも何ともねぇ。課長、部長、包丁、盲腸と同じだ。要するに命令系統をはっきりさせる符号なんだ。

本田宗一郎（本田技研工業創業者）

われわれはうまくいっていることを話題にして時間を無駄にしない。
そういう無駄は、わが社の社風が認めない

ビル・ゲイツ（マイクロソフト創業者）

「楽しみながら、とにかくやってみよ！」

仕事に対する基本的な心構えや正しい姿勢とは？　この問いに対する答えは、けっして簡単に見出せるものではない。

当たり前である。総理大臣の仕事とシェフの仕事は明らかに異なる。同様に、農林水産業、各種製造業、運輸業、建設・建築業、通信業、医療機関・施設、教育機関・施設、各種サービス業、公務員、マスコミ……等々、それぞれの業界、業種、職種によりそれは異なる。また経営者・管理職・平社員・アルバイトなどの立場により仕事の質、権限、使命、責任などに違いがあり、仕事に対する基本的な心構えや姿勢を一概に答えるのは、困難と言えそうだ。

しかし、その結論に間違いはないだろうか？　確かに業界や業種、職種、立場、あるいは役所か民間企業かなどにより仕事は千差万別であるが、それで心構えや姿勢に違いが出るのは当たり前なのであろうか？　編者の答えはＮＯである。すなわち、業界や業種、職種、立場などによって出る違いとは、あくまでも業界や立場などによって異なる知識やノウハウ、スキルなどの違いであり、いわば表層的なものであるからだ。

　それに対し、仕事に対する心構えや姿勢とは、そういった違いに関係なく求められる、本質的・核心的態度と言える。言い換えれば、業界、業種、職種、立場に関係無く必要な、心身の態度なのである。

　例えば、**富士通社長の小林大祐**が言った「**とにかくやってみよ。やってみてから文句を言え。やりもしないで本から読んだり、人から聞いて、そうなりますと、わかったような事を言うな**」は、現場を知らない机上の空論やトライもせずに本から結論を出すタイプへのゲンコツともいえる金言である。

　面白い事に、あの**戦国武将・織田信長**も仕事に関して一家言あった。それは、「**仕事は自分で探して創り出すものだ。与えられた仕事だけやるのは、雑兵だ**」。**ヤフー創業者のジェリー・ヤン**は、「**いまやっていることが楽しくてしかたがない。仕事という意識は全くない**」と語っている。

　小林大祐や織田信長の言葉からは、実際に挑戦もせず、安易に結論を出す姿勢や〈指示待ち姿勢〉への戒めが読みとれる。一方、ジェリー・ヤンは仕事を楽しみ、それに夢中になっている状況の本音が語られたものである。この仕事を楽しむ心構えや姿勢の大切さを説いた人は多い。

例えば、**古代ギリシャ時代の寓話作家・イソップ**は、「みずから楽しむことのできない人々はしばしば他人を妬む」と言い、**世界的な自己啓発家のデール・カーネギー**は、「**仕事が面白い『ふり』をすると、それだけで仕事が本当に面白くなるから妙だ。疲れをあまり感じなくなるし、緊張も解け、心配も和らぐ**」と言っている。さらに**ノーベル物理学賞受賞者の江崎玲於奈**は、「**学問を知っている人は、学問を愛する人に及ばない。学問を愛する人は、学問を楽しむ人に及ばない**」という言葉を残している。

このように、少なくともこの四人の言葉には、〈仕事を楽しめ〉というメッセージが色濃く見られる。また仕事を巡っては、〈自分の好きな事を見出す事の大切さ〉や、〈目の前の仕事に精力を注ぐ大切さ〉を説いた金言も多い。

前者では、あの**ムーミンを世に出したフィンランドの児童文学作家トーベ・ヤンソン**が、「**大切なのは、自分のしたいことを自分で知っていることだよ**」と述べ、後者では電話を発明し、**AT&T社を創業したアレクサンダー・グラハム・ベル**が「**目の前の仕事に専念せよ。太陽光でも一点に集めなければ発火しない**」と言い残している。

ひと言で〈仕事〉と言っても、その中には観察力や好奇心、理念などの様々な要素が絡み合っている。

そこに着目したものに、「観察力の優劣は、人間に大きな差をつける。ロシアの諺にあるように、注意力の散漫な人間は、『森を歩いても薪を見つけられない』のである」サミュエル・スマイルズ（作家）や、「大切なのは疑問を持ち続けること」「神聖な好奇心を失ってはいけない」ノーベル物理学賞受賞者のアインシュタイン、「結果はともあれ、少しでも興味を持ったことに手をつけてみよう。幸福の芽はそこから芽生え始める」本田宗一郎〈本田技研工業創業者〉といった金言・格言があり、仕事というものが如何に奥深く、多角的なものであるかという事を再認識するのではないだろうか。

2章

チームワークとリーダーシップ

仕事の中には、チームで行われるものが多くある。そのため、チームワークを良好に保つ事は、仕事の遂行、またその効率化や合理化のために欠かせない。しかし、人間には好き嫌いがあり、また相性というものもある。そこで、仕事を円滑に進めるには、そういった感情や意識をコントロールすると共に、チーム内の意思疎通を図り、結束を固くする事が不可欠となる。

一方で、個々人がチームのために各自の能力をフルに発揮し、チームの力を最大化する事も必要となる。それらが上手くいけば、仕事は順調に進むが、そうでない場合は支障が出がちである。重ねて述べるが、まず各自が自分自身を生かす努力をする。それと同時に、チームの総合力を生かすために各自の役割を果たす。それが、チームでの仕事を完遂するための必要十分条件と言えよう。

要は、個々人の自覚の問題なのである。

また、チームを効率的に動かすには、的確なマネジメントが欠かせない。そのマネジメントはチームのリーダーの役割であり、メンバーの気持ちや意識を把握すると共に、各自の能力を上手く引き出し、さらにそれをコントロールする事が求められる。さて、あるべきチーム像やリーダー像とはどのようなものなのか？　そのヒントをここに挙げた金言・格言で探ってみたい。

＊チームワークを良くするために

会社は全社員が力を合わせて作り込んでいく作品だ

浜田　広（リコー社長・会長）

人と話をする時は、その人自身のことを話題にせよ。そうすれば、相手は何時間でもこちらの話を聞いてくれる

ベンジャミン・ディズレイリ（英国首相）

心から信頼できるパートナーで、仕事に打ち込んでいて、夢を分かち合うことができ、自分とは少し違う技能を持っていて、自分をチェックしてくれる人を持つことは重要である

ビル・ゲイツ（マイクロソフト創業者）

技術というものはまことに人間くさいもので、技術者に孤立は許されない。人とのつながり、あるいは人の集団、すなわち技術者の集団をうまく形成していくことが、技術者の要件なのである

山下　勇（JR東日本会長）

何を笑うかによって、その人柄がわかる

マルセル・パニョル（小説家・脚本家）

固く握り締めた拳とは手をつなげない

マハトマ・ガンジー（インド独立の父）

評論家はいらないのです。反対意見は大いに結構、しかし必ず代案をだしなさい

堀場雅夫（堀場製作所創業者）

信実と誠実となくしては、礼儀は茶番であり芝居である

新渡戸稲造（農学者・教育者）

やさしい言葉は、たとえかんたんな言葉でも、ずっとずっと心にこだまする

マザー・テレサ（カソリック修道女・ノーベル平和賞受賞者・聖人）

相手を腹の底から笑わせることができれば、友人になる道が開ける。相手が一緒になって笑うのは、いくらかでもこちらが好きな証拠だ

デール・カーネギー（教育者）

自分を信じて限界をクリアしたことで、力を伸ばした選手たちが「皆のために」という精神を持つ。これが一つにまとまったとき、チームを支えるたくさんの魂が選手のプレーに表れるから、観客が感動するのだ

ジーコ（プロサッカー選手・監督）

＊リーダーを任されたとき

組織はリーダーの力量以上には伸びない

野村克也（プロ野球選手・監督）

育てるということは「調子に乗らせて」いやがうえにも、意欲を高め、それによって能力を増大することです

西堀栄三郎（登山家・南極観測隊隊長）

リーダーにとって退却の決断は、最も勇気と自信を必要とする

孫　正義（ソフトバンクグループ創業者）

戦術は、自分たちで決めるものではなく、相手に対して作るもの。……相手がどうくるかによって、戦術を変えている

イビチャ・オシム（サッカー日本代表監督）

上手なあいづちは、人の心の真実を汲み出す誘い水である

吉川英治（小説家）

人間はおべっかを使う動物である

ウィリアム・ハズリット（評論家・著作家）

トップとしての采配を任された以上、これだと思ったら、わき目も振らずに通さなくてはいけない。そして、結果が一勝二敗だったら、責任をとる覚悟が必要だ

安藤太郎（住友不動産社長・会長）

ダイヤモンドは中央の面を囲み、多くの面が多角的に集まって底知れぬ光を放つ。会社経営もまたかくありたい

奥村綱雄（野村証券社長・会長）

まず仲間をつくること。次にその団結を固めること。そして一人一人がどの役割を担い、どう実行するかを理解すること。あとはいい仕事が出来るよう前進あるのみである

ジョン・メージャー（英国首相）

間違った指示にもおとなしく従う。お人形さん集団では、組織は絶対に強くならない

ジーコ（プロサッカー選手・監督）

教えることなんてできない。本人にその気がなければ、何を言っても同じですから

工藤公康（プロ野球選手・監督）

やはり本人がその「必要性の認識」したときでなければ、指導者のアドバイスも役に立たないのだ。必要性の認識とは、「当人の気づき」以外の何ものでもない

野村克也（プロ野球選手・監督）

リーダーは願望ではなく決意しろ

和地　孝（テルモ会長）

いかなる時も上機嫌で希望の旗印を掲げ続けよ

三浦雄一郎（プロスキーヤー・冒険家）

よきリーダーとは、よきコミュニケーターである

宮端清次（はとバス社長）

ほめられるのは嬉しいことだが、ときとして油断が生じる。だから逆に叱ってくれる人、注意してくれる人を求め、大事にしなさい

松下幸之助（松下電器産業創業者）

有能な者は行動するが、無能な者は講釈ばかりする

ジョージ・バーナード・ショー（劇作家・文学者・ノーベル文学賞受賞者）

敵の非難があまり当てにならないのと同様、
味方の賛美もあまり過信してはいけない

ピエール・アベラール（哲学者）

「チームワークの知恵とリーダーの哲学は、かくあるべし」

人間関係は煩わしいものである。

複数の人間がいれば、必ずと言って良い程、確執や反目が生まれ、また派閥、学閥などができる。人間は理性の動物であると同時に、相性の良し悪し、俗に言う、馬が合う合わないといった感情を持つ動物でもある。

この事は、学生時代を思い出してもらえれば容易に理解してもらえるだろう。学校だけではない。町内会などの地域社会や趣味の会などでも、それを物語る例は多々見られる。会社や団体などの組織もまた同様である。

退職理由にはいろいろあるが、〈人間関係〉は常にその上位に位置し、いかに組織の中でそれを上手くコントロールするかは、働く人間にとって大きな課題と言っても過言ではない。言うまでもなく、自分勝手な言動は許されない。それはチームの和を壊し、意思疎通を悪くし、ひいては業務に支障を生じさせかねない。そのような観点から、**スペインのサグラダ・ファミリアで主任彫刻家を務める外尾悦郎**は、次のように語っている。「**自分を大事にして、なおか**

ついかに他者を尊重するか。エゴを押し通すだけでは生きていけません」と。
相手の事を考え、上手く人間関係を保つ事は、チームワークの基本である。そのためには、こんな心掛けやテクニックも必要となろう。

「人は称賛を求めるもの。他人に対する誉め言葉を一生懸命に探すがよい」

H・J・ブラウンJr（実業家）

もっとも前述のような言葉は、言わば基本中の基本の心構えであり、チームワークの結束力を固め、チームの総合力を向上させるには、**ラグビー選手である平尾誠二や松尾雄治**のような考えもある。

「スポーツの自己犠牲などありえないと思う。自己を生かすことがチームを生かすことなんだ」平尾誠二、「一人一人の自分の仕事をきちっとこなすこと。この個人プレーの連携が、真のチームプレーなのだ」松尾雄治

この考え方は、端的に言えば〈チームを生かすために自分を殺さず、むしろ自分を生かす、と同時に自分を生かすためにチームを生かす〉、言い換えれば〈全体のための個、個のための全体〉という考え方であり、仕事以外でも通用する崇高さや深さを含んでいる。**聖徳太子の「和をもって貴しとなす」**は日本における伝統的な考え方であり、いまだに支配的な考え方でもある。その一方で、今日の日本においては、個性的である事や独創性も求められている面がある。問題は、その両方のバランスであり、場合によっては意見の衝突が職場を活性化することもある。それは、**キユーピー会長・中島雄一**の次の言葉に象徴される。

「自分で考え、仕掛けた仕事について、先輩や上司と議論していけば、社内の風通しも良くなる」

芸術家の**岡本太郎**もほぼ同様な事を言っている。**「チームを作ったり、コンビで何かをやるときは、遠慮したり、内にこもらず、面白くぶつかりあうことが大事だね。ぶつかりあうことが面白いと思ってお互いをぶつけあう。そうすれば、逆に生きてくる」**と。

〈和を尊ぶ〉とはいえ、言いたい事も言えない職場というものは、どうにも息苦しいものである。そのような職場では人間関係もギクシャクし、前述したように最悪の場合は仕事・業務に支障をきたし、職場の中から辞職者が出る事さえもありうる。ブラック企業だけではなく、〈人が居着かない〉企業や職場は結構ある。そのような企業には多くの問題点が存在しているが、その中の一つに必ずと言ってよい程、人間関係の悪さが見られる。

当然ながら、そのような企業・職場では、人間関係の改善が求められる。その要となるのは係長、課長、部長といったチームのリーダーなのである。

「やってみせ、言ってきかせてさせてみて、ほめてやらねば人は動かじ」。これは**連合艦隊長官・元帥海軍大将である山本五十六**の言葉であり、リーダーのあるべき姿を実に端的に語っている。またこんな言葉もある。

「厳しいだけではなくその気にさせるその人柄が団結の要」柳本晶一（日本女子バレー監督）

部下にチャンスを与える事やしっかりとした自身の案を持つ事も、リーダーに求められる采配であり資質である。**元・オリックスブルーウェーブ監督であり、一九九六年にチームを日本シリーズ制覇に導いた仰木彬監督**は、**「先入観なしに白紙で選手を見るには、結果を出す場をつくるしかない」**と語った。一方、〈案〉とリーダーに関し、**孫正義**（ソフトバンクグループ創始者）は、**「建設的な代案を示せずに批判ばかりする人は生涯リーダーになれない。なってはならない」**と述べている。

はたして、読者のリーダーはどういうタイプであり、またリーダーであるあなたはどのような覚悟を持ち、どのように振舞っているだろうか？

3章

人間関係に問題が生じた

2章では〈チームワーク〉や〈リーダーシップ〉の観点から人間関係について述べたが、本章ではその〈悩み〉について述べてみたい。言うまでもなく、人間関係は職場や取引関係でも生じる。それが良好であれば仕事は順調にいくが、そうでない場合は問題である。「取引先の担当者と気が合わない」や「上司の課長が苦手なタイプで困った」、「同僚のAが嫌い」といった不満を持った経験者は結構いるのではないだろうか？　実際、酒場では時々、上司や取引先、同僚、部下などへの不満が愚痴の形でこぼされているのを耳にする。家族間や友人間でも確執や反目が生じる事もあるのだから、赤の他人が日常的に接する仕事の場でそれが生じ、愚痴となって現れるのも致し方ないであろう。

愚痴は不満や確執などのガス抜きやストレス発散のようなものであり、それで職場での人間関係がそれなりに保たれるのならば、結構な事ではないだろうか。もちろん職場では、人々は社会人として感情を抑制し、理性的に振舞っている。だが一方で、人間は感情的な存在であり、不満や確執などが深まり、人間関係をこじらせる事もある。そして、それが病気や退職にまで結びつく事もけっして珍しい事ではない。そのような結果に至らないように、本章の金言・格言で、人間関係の綾の読み方やコントロール術を見つけて頂きたい。

見せかけだけの和はいらない。最初から馴れあっている人間に発展はない
河合滉二（サッポロビール社長）

人の言うことは気にするな。「こうすれば、ああ言われるだろう……」。こんなくだらない感情のせいで、どれだけの人が、やりたいこともできずに死んでいくのだろう
ジョン・レノン（ミュージシャン）

多数に追随すれば必ず自分を失う。孤独を恐れず、したいことを続けるしかない
安藤忠雄（建築家）

出る杭は打たれるが、出すぎた杭は誰も打てない。出ない杭、出ようとしない杭は、居心地は良いが、そのうちに腐る
堀場雅夫（堀場製作所創業者）

美しい唇であるためには、美しい言葉を使いなさい。美しい瞳であるためには、人の美点を探しなさい
オードリー・ヘプバーン（女優）

素顔で語る時、人はもっとも本音から遠ざかるが仮面を与えれば真実を語りだす
オスカー・ワイルド（作家・劇作家）

他人のこと？　気にしなかったわ
フローレンス・ジョイナー（陸上短距離選手・五輪金メダリスト）

会って直に話すのが、悪感情を一掃する最上の方法である
エイブラハム・リンカーン（米国大統領）

かけがえのない人間になるためには、いつも他とは違っていなければならない
ココ・シャネル（シャネル創業者）

常に自分の中にある答えを求めなさい。まわりの人や、まわりの意見や、まわりの言葉に、まどわされてはいけません
アイリーン・キャディ（哲学者・フィンドフォーン創設者）

人間は善良であればあるほど、他人のよさをみとめる。だがおろかで意地わるであればあるほど、他人の欠点を探す

トルストイ（作家）

人を相手にせず、天を相手にせよ

西郷隆盛（薩摩藩士）

思慮なき友人ほど危険なものはない

ジャン・ド・ラ・フォンテーヌ（詩人）

世の中のいざこざの因となるのは、奸作や悪意よりも、むしろ誤解や怠慢だね

ゲーテ（詩人・劇作家・小説家）

涙は目の上品な言葉である

ロバート・ヘリック（詩人・聖職者）

セトモノとセトモノとぶつかりっこするとすぐこわれちゃう　どっちか柔らかければ　だいじょうぶ　やわらかいこころを　もちましょう　そういうわたしは　いつもセトモノ

相田みつを（書家・詩人）

友情。信頼。私は、それを『徒党』の中に見たことがない
太宰　治（小説家）

正確な質問をすれば、正確な答えが返ってくる。あいまいな質問には、あいまいな答えしか返ってこない
カルロス・ゴーン（ルノー・日産自動車CEO）

他人があなたをどう扱おうと、礼節を持って行動せよ。他人にあなたの行動を決定させてはいけない
H・J・ブラウンJr（実業家）

世間はウソであふれているが、いちばん困るのはそのうち半分はホントだということである
ウィンストン・チャーチル（英国首相・軍人・作家）

すべてを疑うか、すべてを信ずるかは、二つとも都合のよい解決法である。どちらでも我々は反省しないですむからである
アンリ・ポアンカレ（数学者・数理物理学者）

才能は孤独のうちに育ち、人格は荒波で育つ

ゲーテ（詩人・劇作家・小説家）

人間はね、自分が困らない程度内で、なるべく人に親切がして見たいものだ

夏目漱石（小説家）

人間、馬鹿は構いません。だが、義理を知らないのはいけません

久保田万作（作家）

人に施したる利益を記憶するなかれ、人より受けたる恩義は忘るなかれ

ジョージ・ゴードン・バイロン（詩人・画家）

あまりうちとけ過ぎる人間は尊敬を失いますし、気やすい人間はばかにされますし、むやみに熱意を見せる人間はいい食いものにされます

バルザック（小説家）

小才は、縁に出合って縁に気づかず。中才は、縁に気づいて縁を生かさず。大才は、袖すり合った縁をも生かす

（柳生家家訓）

あなたのお仲間を見れば、あなたのお人柄がわかります　セルバンテス（作家）

笑う世間の方がおかしい

吉川英治（小説家）

私は、自分と自分の行動がばかばかしく思えるようになったとたん、変わりはじめたのだ。自分が変わるには、自らの愚かさをあざ笑うことだ。そうすれば見切りをつけ、前進することができるのだ

スペンサー・ジョンソン（心理学者・作家）

出世したいと思って、上役におもねったり取り入ろうとするから、イヤらしい人間になってしまうんだ。それよりも、自分は出世なんかしなくっていいと思ってしまえば、逆に魅力的な人間になってくる

岡本太郎（芸術家）

人に対して感じるいらだちや不快感は、自分自身を理解するのに役立つことがある
カール・グスタフ・ユング（精神科医）

あなたがたとえ氷のように潔癖で雪のように潔白であろうとも、世の悪口はまぬがれまい
ウィリアム・シェイクスピア（劇作家）

怒りは無謀をもってはじまり、後悔をもって終わる
ピタゴラス（数学者）

おこないはおれのもの、批判は他人のもの、おれの知ったことじゃない
勝　海舟（幕臣）

腹が立ったら十まで数えよ。うんと腹が立ったら百まで数えよ
トーマス・ジェファーソン（米国大統領）

忠告はめったに歓迎されない。しかも、それをもっとも必要とする人が、つねにそれを敬遠する
フィリップ・チェスターフィールド（政治家・文人）

不仕合わせな人は、他人からかばわれたり、同情されると、嬉しいよりは、一層わが身がつらく不仕合わせに思われてくるものである
太宰　治（小説家）

人間はひとりひとりをみると、みんな利口で分別ありげだが、集団をなせば、たちまち馬鹿が出てくる
シラー（詩人）

「人々」は残酷である。しかし「人」は優しい
ラビンドラナート・タゴール（詩人）

才能が優れて機敏に動く人は、かえって腰が据わっていなくて信頼を失うことがある
渋沢栄一（実業家・日本の資本主義の父）

人からほめられているうちは、一人前ではないのだ。いろいろとまわりから非難されるようになって初めて人は一人前になる。「あいつが打たないから」、「あいつがしっかりしないから勝てない」などと言われだして、本物なのだ
野村克也（プロ野球選手・監督）

「嫌われてもいいじゃないか！」

〈多勢に無勢〉。日本人の一つの性向にこれがあると言われる。自分の意見は持たず、常に多数派に属し、世間の目を気にしながら生きる。何か思い当たる節はないだろうか？　それが悪いとは断じないが、あまり人の目を気にしていると肝心の自分を失ってしまいかねない。職場においても、上司や先輩、同僚などの目を気にし、一言一言に過剰に反応していては、仕事ができないばかりか、まさしく人間関係に疲れ果ててしまうであろう。かといって、ゴーイング・マイ・ウェイばかりでは、前述したチームワーク上、何かと問題が出よう。ポイントはそれらのバランスであり、人間関係の間合いである。

「ナニ、誰を味方にしおうなどというふから、間違うのだ。みんな敵がいい々敵がないと、事が出来ぬ」。これは**幕臣・勝海舟**の言葉である。同じ幕末に活躍した**志士・坂本龍馬**は、**「世の中の人は何とも言わば言え。わが成すことは我のみぞ知る」**という言葉を残している。共に幕末という激動の時代に生きた人物だけに、その金言・格言に秘められた心情の激しさが実に興味深い。

また人間関係の在り方を達観しているという点においては、**人形浄瑠璃作者の近松門左衛門**の「**人から恨まれようが、憎まれようが、それで死ぬことはない**」という言葉が心に届く。

どうだろう、ここまで達観してしまえば今、人間関係で悩んでいる人々も気持ちがスッキリし、大笑いさえするのではないだろうか？

職場での人間関係が知人・友人関係などよりも深刻であるのは、職場は生活の糧、つまりお金を得るための場であるからである。そこに職場における人間関係（問題）の根の深さがある。近松が生きた江戸時代や幕末と異なる今日の職場、その人間関係においては、何を範とすべきなのか？　**著作者・教育者で有名な精神法則の権威者のジョセフ・マーフィー**は、「**人間関係で悩んでいる人は、他人との折り合いの悪さで悩んでいるのではありません。自分との折り合いの悪さで悩んでいるのです**」と言っている。

こんな金言・格言もある。「**われわれは好んで他人が完全であることを求めはするが、自分自身の欠点を正そうとはしない**」と言った言葉の主は、**トマス・ア・ケンピス**。**ドイツ出身の思想家**である。

またこんな言葉もある。**フランスの文学者ラ・ロシュフコー**は、「**われわれ**

はあまりにも他人の目に自分を偽装することに慣れきって、ついには自分自身にも自分を偽装するに至るのである」と述べている。これは、人間関係というよりも人間そのものの有り様を示唆したものである。他人志向型の人間は、自分は何者であり人間はどうあるべきなのかを自問自答・模索するよりも他人に自分をどういう風に印象づけようか、と志向する。これは従来より哲学界などで言われてきた事だが実際、そういうタイプの人間はいる。そのような複雑かつ妖しい人間達を読み解きながら、良好な人間関係を構築しようとすると、それだけで疲れ、人間関係が嫌になってしまうだろう。

「見聞の狭い人が、非凡な人の言葉を理解することが出来なくてなじる」

柳　宗悦（民藝研究家）

「長年のうっぷんの原因を深く考えてみると、じつはただ一言『ごめんね』や、『ありがとう』という言葉が足りなかっただけではないでしょうか」

船井幸雄（事業家）

「批判については、いっさい弁解しません。非があるから黙っているのではなく、そう思い込んでいる人には何を言っても無駄ですから」

千　宗室（茶道家）

人間関係というものが、如何に取扱いの難しい代物かというのが、前述の三つの金言・格言だけでも分かるのではないだろうか？　およそ人間というものは複雑怪奇な存在である。そのような人間が多数集まっているのが職場であり、そこで取り組むのが仕事である。言い換えれば、複雑怪奇な人間が仕事を通じて関係性ができ、仕事を通じてお金を得ると共に社会的な役割を果たすための空間・場が、職場なのである。その職場で、あるいは仕事で人間関係に悩んだ時、取るべき一つの対処法とは？

「一人で考えていると、どんどん妄想はふくらんでいくのである。想像力というのは果てしない。果てしないぶんだけ間違った方向に進むと、事実とかけ離れたところに行ってしまう恐れがある。行き場を間違えないようにするためには、人とコミュニケーションをとった方がいい」

これは**小説家・岩村匠**の言葉だが、人間関係に悩んだ時の対処法としては結構、的を得ているものではないだろうか。

4章

成果・結果が出ないとき

学生時代は「失敗しても、努力したプロセスが大切」といった事も通用するが、社会人にとってそれはまず通用しない。全く失敗は許されない、あるいは結果がすべてという職場ばかり、というわけではないが、社会人にはそれなりの結果や成果が求められる。そのため、実社会に出ると、ついつい結果、成果を出そうと焦る人もいるが、焦れば焦る程そうはいかない時もある。

そういう時はまず、反復・継続。言い換えれば地道な努力で仕事の基礎体力、つまりノウハウやスキルを身に付ける事が肝心となろう。勉強やスポーツ、あるいは音楽などと同様で、基礎（力）のない人は応用（力）を発揮できない。確かに、いわゆるルーティン・ワークは地道で退屈な面もあるが、いざ、という時に役立ち、課題解決の底力となるのは、身に付けた基礎力なのである。

新しい仕事に挑むに際しても、基本はノウハウやスキルであり、その先に構想力や企画力などがある。ノウハウやスキルは、チャンスを生かすための、いわば〈下準備〉のようなものと言えよう。その下準備をしっかりと身に付けておかなければ、せっかくのチャンスを逃すばかりかミスを犯す事にも繋がりかねない。仕事においても運不運はあり、それが悪い結果に結びつく事もある。とはいえ、下準備もできていない状態であれば、良い結果・成果は益々遠ざかる。

＊反復・継続の重要性

一日練習を休むと自分でわかる。二日休むと批評家にわかる。三日休むと聴衆にわかってしまう

イグナツィ・パデレフスキー（ピアニスト・作曲家）

どんなことでも継続していれば力になります。だから、金メダルは重いんです。走った距離は自分を裏切らない

野口みずき（女子マラソン選手・五輪金メダリスト）

稽古場と本土俵はまったく違う、そう考える人は多いだろう。しかし、稽古場でできていないことが、本番でできるわけがない。何度も言うようだが、相撲は稽古場の充実なくして強くなることはできない

千代の富士（横綱・九重親方）

大事をなさんと欲せば、小さな事をおこたらず勤むべし、小積りて大となればなり

二宮尊徳（農政家・思想家）

100％稽古できないやつは試合に出る資格はない

斉藤　仁（柔道家・五輪金メダリスト）

同じ人間に生まれたのである。誰に劣るなどあろうものか。すべて修行は、大高慢に自分以上の者はいないのだと思い上がるほどでなければ役に立つわけがない

『葉隠』（武士の心得書）

練習で限界を超えた自分を知っておかなければ、本番では勝てない

古賀稔彦（柔道家・五輪金メダリスト）

簡単なことを一生懸命やるというのが大事なんだ

輪島功一（プロボクサー・ＷＢＡ・ＷＢＣ世界スーパーウェルター級チャンピオン・タレント）

練習を怠る人が上手くなることはないんですよ。修練して上手くなった人がより上手くなるんです。選手のみんなを誉めてやってください

王　貞治（プロ野球選手・監督）

勝利はもっとも根気のある者にもたらされる

ナポレオン・ボナパルト（フランス皇帝）

勝利をつかむその日まで、一歩ずつ、着実に進んでいきます

ネルソン・マンデラ（南アフリカ大統領）

頑張り続ける底力のあるやつだけが、最後に最強の運を手にすることができる

ガッツ石松（プロボクサー・WBC世界ライト級チャンピオン・タレント）

基本的、基礎的なことを繰り返しやるということは、もちろん初心を忘れないという意味でも大切ですが、技術的にも重要で、そこがきちんとしていれば、方向を間違った時や誤った時に修正が利きやすいのです　羽生善治（将棋棋士）

状況に応じた的確な判断と動きを可能にするのは、繰り返しの練習以外にない

工藤公康（プロ野球選手・監督）

＊チャンスを生かす準備の大切さ

チャンスは蓄積できない

ヘンリー・キッシンジャー（米国大統領補佐官・国務長官・国際政治学者）

理想の環境なんて待つな。最高のチャンスも同様だ。そんなものは、決して来ない

ジャネット・E・スチュアート（聖職者）

ヨーロッパ全行程にわたる完全無欠な好天候の確報など待っていられるものか。今こそチャンスだ。よし、明け方に飛び出そう！

チャールズ・リンドバーグ（冒険家・飛行家）

偶然は準備のできていない人を助けない

パスツール（生化学者・細菌学者）

大きなチャンスが姿を現すときはきっと来る。
　そのとき、それを利用できる準備ができていなければならない

サム・ウォルトン（ウォルマート創業者）

幸運は待っていれば向こうからやってきてくれるほど都合のよいものではありません。自ら望み、準備し、行動することによって獲得するものです

ジョセフ・マーフィー（著作者・教育者・講演者・精神法則の権威）

愚か者は、幸福がどこか遠いところにあると思い込んでいる。
　利口者は幸福を足元で育てている

ジェームズ・オッペンハイム（小説家・詩人）

肉離れ？　ライオンに襲われた野うさぎが逃げ出すときに肉離れしますか？
準備が足りないのです

イビチャ・オシム（サッカー日本代表監督）

発見のチャンスは、準備のできた者だけに微笑む

パスツール（生化学者・細菌学者）

明日はなんとかなると思う愚か者よ。今日でさえ遅すぎるのだ。賢者はもう昨日済ませている

カーリー・クーリ（映画監督・脚本家）

特別なレースという部分に関しては、
ここで初めて何かを試すようなことがあってはいけないと思います

武　豊（騎手）

奇跡を願ってもよい。しかし奇跡に頼ってはいけない

（ユダヤの格言）

真の才能というものは、孔雀の尾のように、自分で引き出さなければなりません

ノビコフ・プリボイ（作家）

いまがその時、その時がいま

外尾悦郎（サグラダ・ファミリア主任彫刻家）

機会を逃がすな！　人生はすべて機会である。一番先頭を行く者は、やる気があり、思いきって実行する人間である。「安全第一」を守っていては、あまり遠くへボートを漕ぎ出せない

デール・カーネギー（教育者）

＊運不運、好不調について

私は、運の存在を強く信じている。そして、運は努力すればするほど、ついてくることを知っている

トーマス・ジェファーソン（米国大統領）

成功は結果であって目的ではない

ギュスターヴ・フローベル（小説家）

人間は、自分が他人より劣っているのは能力のためではなく運のせいだと思いたがるものなのだ

プルタルコス（古代ローマの著述家）

運命の中に偶然はない。人間はある運命に出会う時に、自分がそれをつくっている

トーマス・ウッドロウ・ウィルソン（米国大統領）

運命は我々を幸福にも不幸にもしない。ただその材料と種子を提供しているだけだ

ミッシェル・ド・モンテーニュ（哲学者）

強い人間は自分の運命を嘆かない

アルトゥル・ショーペンハウアー（哲学者）

ひとは自分の運命を非難して、責任をまぬがれるつもりでいる。つまり、いつも運命の女神がいけないことになる

ジャン・ド・ラ・フォンテーヌ（詩人）

運がよくなくても悲観するな。悪い条件がかえってプラスになることが多いものだ。運命というものは、与えられるものではなく、みずからつくり出し、切り開いていくものだ

井植歳男（三洋電機創業者）

成功の秘訣は他社の動向に気をとられないことだ

ジェフ・ベゾス（アマゾン創業者・ＣＥＯ）

成功の鍵は、まだ誰にも見つかっていないものを探すことだ

アリストテレス・オナシス（ギリシャの海運王）

成功とは、意欲を失わずに失敗に次ぐ失敗を繰り返すことである

ウィンストン・チャーチル（英国首相・軍人・作家）

成功が努力より先にくるのは、辞書の中だけ

ヴィダル・サスーン（実業家）

成功の条件は「Ｖ（ビジョン）Ｗ（ワークハード）」にあり

山中伸弥（京都大学ｉＰＳ細胞研究所所長）

過去の成功を捨てることから始まる

高原慶一朗（ユニ・チャーム創業者）

成功は続けておさめるのは至難の業だが、ひとつ秘訣があるとすれば、それは一回かぎりの成功は、まだほんものの成功とはいえない。第一の成功が呼び水となって、第二、第三を生み出してこそ、「成功は成功の母」となる。（略）一回かぎりの失敗は、実はまだ失敗とはかぎらぬ。肝心なことは、とことんまで失敗の原因を窮め、同じ失敗を二度とくり返さないことだ。そうすると『失敗は成功の母』となる

土光敏夫（石川島播磨工業社長・東芝社長・臨時行政調査会会長など）

人生には、順当なときも不調なときもある。不調に襲われ、大事な勝負に敗れて苦しんだことは数知れない。そんなときでも、敗因がわかれば過去はさっぱり切り捨て、新しい気持ちで立ち上がることをモットーとしてきた

大山康晴（将棋棋士）

好調なときに、「いつかはダメになる。こんなことが長く続くわけがない」と恐れおののく力が会社の力だと思う

矢野博丈（ダイソー創業者）

練習でいくら調子が良くても、その日の調子は試合で泳いでみないとわからない

北島康介（水泳選手・五輪金メダリスト）

愚者は己を賢いと思うが、
賢者は己が愚かなことを知っている

ウィリアム・シェイクスピア（劇作家）

物知りの馬鹿は無知の馬鹿よりも阿呆である

モリエール（劇作家・俳優）

勇気と力だけがあっても、慎重さを欠いていたら、
それは無に等しいということを忘れないでいて欲しい

エドワード・ウィンパー（登山家）

生きてるだけで、丸儲け

明石家さんま（芸人）

この世に生まれ入ったことこそ、大いなる才能とする

磨　赤児（舞踏家）

この世に生を受けたこと、それが最大のチャンスじゃないか

アイルトン・セナ（F1ドライバー）

「継続しチャンスを待ち、挑むのが成功の鉄則だ」

仕事では当然、結果や成果というものが求められる。営業マンや店長などならば数値目標が課せられ、その達成という結果を求められる事は多い。研究開発職も同様。製品・商品の研究開発に檄を飛ばされる事もあるだろう。総務や経理といった事務管理の部署にも、業務遂行の合理化や効率化などの成果が求められる。

そのような仕事において結果・成果が出せないのは辛いものである。当然、焦燥感は高まり、気持ちも穏やかではいられない。そういう時はまず、原因から考えてみたい。何故、今の状況にあるかを静かに自問自答、検証してみる事である。はたして、あなたのこれまでの仕事に向かう心構えや姿勢に問題はなかったか？　より具体的に述べれば、各自の仕事で最低限必要となるノウハウやスキルの部分で欠落は無いか？　それが不十分であれば、結果・成果が出ないのも当然であろう。まずそれを、〈反復・継続〉の中で身に付けるのが最初の第一歩と言える。

「プロは練習が嫌いになるくらい練習するのが当たり前。だから僕は練習が嫌い」中田英寿（プロサッカー選手）

「ぼくを天才と言う人がいますが、ぼく自身はそうは思いません。毎日血のにじむような練習をくりかえしてきたから、いまのぼくがあると思っています。ぼくは天才ではありません」イチロー（プロ野球選手）

片や世界を舞台に活躍したプロサッカー選手。片や現在も大リーガーで活躍中の超人的プロ野球選手。サッカーと野球の違いはあれ、練習という〈反復・継続〉の大切さを共に説いている点に注目したい。また、その大切さは、なにもスポーツ選手だけに限った事ではない。順天堂大学医学部教授の天野篤は次のように語っている。**「理想の医者にどうやったら成れるか、やはり一気には行けません。階段の様になっていて、暫く足踏みをして頑張っていると、ある時に突然一段上がるものです。次に二段上がって、一段下がって、また二段上がる。そういう繰り返しだと思います」**と。

このく基礎的な体力・知識・技術〉取得のための〈反復・継続〉の大切さは、チャンスを生かすための〈下準備〉という意味も含む。例えば、会社の海外進出に向け、ある社員が外国語の取得に努力したとしよう。そこに海外進出の計画が決定し、その社員が応募した。条件は、当該外国語が話せる事であり、その社員は念願叶って海外勤務のチャンスをものにした。そしてそれが出世のきっかけになった、という話は結構、ビジネス社会には転がっている。例えば、「**機会は魚群と同じだ。始まったからといって網をつくろうとするのでは間に合わぬ**」**岩崎弥太郎**（**三菱財閥創始者**）という金言・格言があり、**鮎川義介**（**日産コンツェルン創始者**）もその準備、機会、成功といった一連の流れを最終的には運という言葉に結び付け、「**努力だけで過去の事業が成功してきたか、というとそうでない。やはりこれに運がプラスされている。しかし、努力のないところには絶対に幸運は来ない**」という言葉を残した。またアメリカ大統領のリンカーンは、「**私はチャンス到来に備えて学び、いつでもすぐに仕事にかかれる態度を整えている**」と語っている。

ここまでの記述で、〈チャンス〉を生かす基本的な条件として〈反復・継続〉による〈基礎力〉の向上が不可欠である事が分かったであろう。ただそれは、必要条件であって、必要十分条件ではない。〈結果・成果〉、つまり〈成功〉に関しては、次のような金言・格言がある。

「**成功にトリックはない。わたしは与えられた仕事に、全力をつくしただけだ**」

アンドリュー・カーネギー（実業家・カーネギー鉄鋼会社創業者）

この金言・格言は極めて謙虚で素朴なものだが、成功に関しては、こんな面白い見方もある。エルバート・ハバート（作家）の言葉である。

「心を込めて仕事をしなさい。そうすればあなたは必ず成功する。なぜなら、そういう人はほとんどいないからである」

仕事にも運不運はある。想定外の自然災害などである。これについては考え方は様々であり、

「運の悪い人というのは、自分を棚に上げて人の批判ばかりしています。そういう人は、知らず知らずに運を悪くしています」稲盛和夫（京セラ・第二電電＝現・ＫＤＤＩ創業者）

「『運』ってやつは、たえず変わる。いま後頭部にがんと一撃をくらわせたかと思うと、次の瞬間には砂糖をほおばらせてくれたりする。問題はただひとつ。へこたれてしまわないことだ」アラン・シリトー（小説家）

さて、あなたはどの〈金言・格言〉を選ぶだろうか？

5 章

失敗・不安・困難に直面した

人生や仕事には失敗が付きものである。また、思わぬ困難に襲われるような事もある。失敗は人の心に心配や自信喪失をもたらし、困難は気力を低下させると共に、不安をもたらす。

最近は様々な職場において、うつ病などの精神疾患を患う人が増加（うつ病の場合約一〇〇万人。同病を含めた精神疾患全体では約三〇〇万人）しており、メンタル・ケアは企業などにとって重要な課題となっている。精神科や心療内科といった医療機関に通う事で治癒し、仕事への復帰を果たす人もいるが、逆に治癒できず最悪、仕事から離れる人もいる。

そのような問題解決には、前述したような医療機関を利用する、お酒や友人との会話などでストレス発散を試みるなど、いろいろな方法がある。その一つとして挙げられるのが、自分自身で気持ちを整え、強化し、抱えている問題に立ち向かう事である。何かで気持ちが萎えている時、落ち込んでいる時、たった一つの言葉で救われたり、励まされ、状況を打開できた経験がある人もいるのではないだろうか。

ここでは、そのような失敗への不安を払拭し、困難を克服するための金言・格言を集めてみた。

＊失敗・不安の払拭

出来るというより出来ないという方が難しい。出来ないと言い切るためにはあらゆる可能性を探さなければならないからだ

島　秀雄（旧国鉄技師長〈新幹線の生みの親〉・宇宙航空開発事業団〈ＪＡＸＡ〉初代理事長）

命まで取られへん、だめならやり直せばいい

鬼塚喜八郎（アシックス社長）

石橋を叩いて安全を確認してから決心しようと思ったら、おそらく永久に石橋は渡れまい。やると決めて、どうしたらできるかを調査せよ

西堀栄三郎（登山家・南極観測隊隊長）

私は失敗を受け入れることが出来る。しかし、挑戦しないことだけは受け入れられないのだ

マイケル・ジョーダン（プロバスケットボール選手）

青年は決して安全株を買ってはいけない

ジャン・コクトー（詩人・小説家・劇作家）

失敗と不可能は違う

スーザン・B・アンソニー（活動家）

失敗は怖くない。年老いて失敗を恐れる己が怖い

孫　正義（ソフトバンクグループ創業者）

トライアンドエラーを繰り返すことが、「経験」と「蓄積」になる。
独自のノウハウはそうやってできていく

井深　大（ソニー創業者）

皆さんはこれからの人生において必ず失敗することがあるはずだ。成功することもあるだろうが、成功よりも失敗が多いにちがいない。しかし失敗に落胆してはいけない。失敗に打ち勝つことが大切なことなのだ

大隈重信（政治家・早稲田大学創設者）

失敗したことのない人間は成功することもない。
たゆまざる挑戦が成功につながるからだ

カール・ルイス（陸上短距離選手・五輪金メダリスト）

致命的にならない限り失敗はしてもいい。やってみないとわからない。
行動してみる前に考えても無駄です。行動して修正すればいい

柳井　正（ユニクロ創業者）

頭の中だけで想像し、悪いほう、悪いほうへと考えて、結局、最初から何もなかったことにしてしまう。確かにそうすれば自分は傷つきませんが、そんな生き方、全然、面白くないじゃないですか

武　豊（騎手）

何事も経験してみるまでわからない。
諺も、人生で経験してみるまでは諺にならない

ジョン・キーツ（詩人）

「負けました」といって頭を下げるのが正しい投了の仕方。辛い瞬間です。でも「負けました」とはっきり言える人はプロでも強くなる。これをいい加減にしている人は上に行けません

谷川浩司（将棋棋士）

経験は、過ちという犠牲を払いつつ、ゆっくり教えてくれる

ジェームズ・フルード（歴史学者）

企業はつぶれるからいいんだと思う。経営に失敗しても救済されるというのでは、緊迫感がない

飯田　亮（セコム創業者）

私はあらゆるトラブルに感謝している。ひとつのトラブルを克服したあと、より強くなり、これからやってくるものによりよく対処できるようになっていったからだ

ジェームズ・ペニー（J・C・ペニー創業者）

変えることにはリスクが伴う。変えなければもっと大きなリスクが伴う

ジョン・ヤング（宇宙飛行士）

できないと思ったことをクリアした人だけが、一段上の景色を見ることができる

石黒由美子（シンクロナイズドスイミング選手）

何を言うかよりどのように言うかのほうがずっと大事なときもある

ドロシー・ロー・ノルト（家庭教育・子育てコンサルタント）

「Keep it simple」。仕事を複雑にしてはダメ。できるだけ簡単に進められるようにして、余計な手間を減らそう

クリスティン・エドマン（H&M日本法人社長）

私は決断する前には、長く思案する。しかし、いったん決断したあとで二度と後戻りをしない。思案に思案を重ねたうえで得た決断であるからだ

小早川隆景（戦国武将）

痛い目にあったとしても、失敗すらできない人生よりずっと楽しい

高橋尚子（マラソン選手・五輪金メダリスト）

何かをしようとしたとき、失敗を恐れないで、やってください。失敗して負けてしまったら、その理由を考えて反省してください。かならず、将来の役に立つと思います

イチロー（プロ野球選手）

＊困難を迎えたとき

今度も立派に乗り越えてみせるぞ。朝の来ない夜はないのだから

吉川英治（作家）

イヤならやめろ！　ただ本当にイヤだと思うほどやってみたか？

堀場雅夫（堀場製作所創業者）

悩んでも屈しない人こそ、まことに崇高である

ヘンリー・ワーズワース・ロングフェロー（詩人）

「現代は生きづらい時代」と言われるけれど、人間が生きづらくなかった時代などあっただろうか

南　直哉（禅僧）

相撲でも、苦しいからとやめてしまったら、いつまでたっても限界を超えることはできない。いまの限界を知り、そこを我慢して超えていかないと強くなれない

千代の富士（横綱・九重親方）

限界の壁をつくっているのは自分自身

宮本祖豊（比叡山延暦寺円龍院住職）

壁は自分自身だ

岡本太郎（芸術家）

笑われて、笑われて、つよくなる

太宰　治（小説家）

過去の成功体験を捨てて、
仕事の進め方を基本的に変えなければ駄目だ

鈴木敏文（セブンイレブン・ジャパン社長・イトーヨーカ堂社長・会長）

諦めなどという言葉は私の辞書にはない

フローレンス・ナイチンゲール（看護師・衛生統計者・看護教育者）

本当に成功する人は、どのような計画であっても、待つこと以外に何もできない時期があることを知っている。危険なのは、この時期にあきらめてしまうことである

ロバート・シュラー（牧師・自己啓発作家）

大きな問題に直面したときは、その問題を一度に解決しようとはせずに、問題を細分化し、その一つひとつを解決するようにしなさい

アンドリュー・カーネギー（カーネギー鉄鋼会社創業者）

よしよし、眠れるうちに眠っておけ。明日はまた踏んだり蹴ったりされ、くやし泣きをしなくちゃならないんだ

山本周五郎（小説家）

絶望は死に至る病

セーレン・キルケゴール（哲学者・思想家）

状況？　なにが状況だ。状況は俺がつくるのだ

ナポレオン・ボナパルト（フランス皇帝）

塩の辛さ、砂糖の甘さは学問では理解できない。
だが、なめてみればすぐ分る

松下幸之助（松下電器産業創業者）

努めて難問を歩いて、努めて苦労を味わう。
これが人間としては、大切なことである

出光佐三（出光興産創業者）

人は忙しい中にも静かにくつろぐような心を持たなくてはならないし、苦しみの中にあっても、そこに楽しみを見出す工夫をしなければならない

佐藤一斎（儒学者）

おもしろおかしく

堀場雅夫（堀場製作所創業者）

忍耐の草は苦い。だが、最後には甘くやわらかい実を結ぶ

カール・ヨーゼフ・ジムロック（詩人・言語学者）

今ここで何かできることがあるのか？　と。なければぐっすり寝る

L・L・コルベルト（クライスラー社長）

人生でもっとも輝かしい時は、いわゆる栄光の時ではなく、落胆や絶望の中で人生への挑戦と未来への完遂の展望がわき上がるのを感じたときだ

フローレンス・ナイチンゲール（看護師・衛生統計者・看護教育者）

限界なんて最初から存在しないのよ。あると思い込んでいるだけ

レディー・ガガ（歌手）

「失敗を恐れるな、困難など無い！」

言うまでもなく、完璧な人間などいない。逆に言えば、人間は不完全な存在であり、その言動には失敗が付きものという事である。これまで受験、就職、結婚などにおいて、失敗を味わったという人も結構いるのではないだろうか？

仕事にも失敗は付きものである。医師ならば医療過誤、警察官ならば誤認逮捕、新聞記者ならば誤報といったところであろう。ごく普通の人々の場合は、ドライバーであれば交通事故、営業マンならば、プレゼンにおける資料の手違いといった例である。経理ならば、単純な仕分けミスや記帳ミスなどがそれに当たる。事の大小は別として、誰でも失敗を犯すのである。だがそれを恐れていて行動を起こさなければ、仕事の遂行に支障が出る。ここで掲げた金言・格言には、失敗というものに対する心構えやあるべき姿勢が散りばめられている。

例えば、ゼネラル・モーターズのアルフレッド・スローン社長は、「**失敗を気にしていては革新はできない。打率三割といえば強打者と呼ばれるが、それはつまるところ、十回のうち七回までは失敗だったということだ**」と語っている。また、同じ自動車業界の**フォード・モーター創業者・ヘンリー・フォード**も、「**失敗とは、よりよい方法で再挑戦するいい機会である**」という言葉を残している。

奇しくも、世界を代表する自動車メーカーの代表が〈失敗〉を恐れず、果敢に挑戦する姿勢を示しているところが興味深い。同じく世界を代表する日本の自動車メーカーの一つ、**本田技研工業の創業者・本田宗一郎**は〈失敗〉というものに対し、「**新しい技術や理論を求める仕事というものは、99%が失敗である**」と語っている。

一方、家電業界のトップクラス企業・**松下電器産業（現・パナソニック）**を**創業した松下幸之助**は、「**とにかく、考えてみることである。工夫してみることである。そして、やってみることである。失敗すればやり直せばいい**」という金言・格言を残した。

もちろん、失敗は他業界・他分野にも付きものである。著名な**ピアニストのフジ子・ヘミング**の言葉は実に小気味好い。「**間違えたっていいじゃない。機械じゃないんだから**」と。さらに、**書家で詩人の相田みつを**のこの有名な言葉「**つまづいたって　いいじゃないか　にんげんだもの**」となると、一種の人間観であり、また人生観とも言える。

一方、仕事に付きものなのは、失敗だけではない。様々な困難・難関・難題というものも付きものである。企業に例えれば、製品開発、販路開拓、シェア・アップなどと解決すべき課題（＝困難・難関・難題）は多い。それらに対し、著名な経営者二人の言葉は？

「身動きできない状況のなかで、体を少しずつ、しかし絶えず揺すぶり続ける。そこに事態打開の糸口が見えてくる」 八尋俊邦（三井物産社長・会長）

「この世に難関などない。難関というものはあくまでも本人の主観の問題なのである。難関だと思っている自分があるだけだ」 塚本幸一（ワコール創業者）

また**冒険家であり、世界で初めてマッキンリー冬季単独登頂、五大陸最高峰登頂を果たした植村直己は、「あきらめないこと。どんな事態に直面してもあきらめないこと」**という言葉を残した。植村の歴史的偉業を支えたのは、彼のこの心構えや姿勢にあるのであろう。この簡単に諦めないという心構え・姿勢については、フランスの**プロサッカー選手、ジネディーヌ・ジダン**も同様であり、**「成功の可能性は０％だと言われて、諦める事ができるような、そんな軽い気持ちで夢を追いかけたわけじゃない」**と語っている。

このように、困難や難関、難問といったものに立ち向かう姿勢は分野や業界、業種に関わらず必要となる。また、困難や難関のハードルが高ければ高い程、その解決や打破には体力、知力、集中力、洞察力、情報力、持久力などが求められる。その点について、一九七四年から一九七八年まで世界ランキング一位に輝いたアメリカの**プロテニスプレイヤー、ジミー・コナーズ**は、試合に取り組む上での心得として、「**1試合にわたって集中力を維持するためには、適度にリラックスすることが絶対に必要だとおもう**」と語っている。

ストレス社会と言われる今日、休憩時間を適度に入れる事により生産性を上げようとしている職場も見られるが、そのような労働環境の職場ばかりではない。長時間労働で病気などを患う人も多い。そのような憂き目に陥らないようにフィンランドの**児童文学作家、トーベ・ヤンソン**の言葉を紹介しよう。

「**たまには休むのもひとつの仕事じゃない?**」

6章

ネガティブな気分に襲われた

新卒から定年まで順風満帆という仕事人生は、そうそうあるものではない。どこかで壁や難関・難題というものに突き当たり、それらの解決法や対処法が試される事もある。またその結果は、人事などの評価に反映される。組織であれば、それは宿命であり、あなたが大きな失敗を重ねれば、無能の烙印を押される事は間違いない。

仮に、あなたのチームの失敗や成績の低迷要因があなた自身にはないとしても、それなりの評価が下される事になる。その結果、自信を喪失し、ネガティブな気分に襲われる事もあるだろうが、そこからどう立ち直るかは、その人次第である。

一方、仕事においては、様々な決断や行動が求められる。その時、どのように覚悟を決め、どういう決断を下し、どう実行するかは、その人の仕事人生を大きく左右する。本章では、そのようなネガティブ気分に陥った時や何かを決断し行動しなければならない時に役立つ金言・格言、またお金や評価に関する金言・格言を紹介する。

＊自信を喪失したとき

人生は近くで見ると悲劇だが、遠くから見れば喜劇である

チャールズ・チャップリン（喜劇役者・映画監督・脚本家）

楽天家は、困難の中にチャンスを見出す。
悲観論者は、チャンスの中に困難を見る

ウィンストン・チャーチル（英国首相・軍人・作家）

恥はかけばいい。だけど、自分に恥ずかしいことはしたくない

新井田　豊（プロボクサー・WBAミニマム級チャンピオン）

「できない」ではなく、どうすればできるか工夫する

立石一真（オムロン創業者）

人間はなぜ不安を抱き、心配するのか。それは恐怖心を持っているからです。恐怖心は人間の本能でもありますが、多くの場合、根拠のないマイナスの想像にすぎません。同じ想像ならばなぜプラスの想像をしないのですか

ジョセフ・マーフィー（著作者・教育者・講演者・精神法則の権威）

「お前は無理だよ」と言う人の言うことを聞いてはいけない。もし自分で何かを成し遂げたかったら、出来なかった時に他人のせいにしないで自分のせいにしなさい

マジック・ジョンソン（プロバスケット選手）

不平をこぼす人間に与えられるものは、憐れみよりも軽蔑である

サミュエル・ジョンソン（文学者）

疲労した身体を養うものは睡眠であり、疲労しない身体を培うものは運動である

ケント（法学者）

努力する人は希望を語り、怠ける人は不満を語る

井上　靖（小説家）

世界の名医は快活博士・勤労博士、そして休養博士である

ジョナサン・スウィフト（作家・随筆家）

誰にでも才能はあります。それを見つけるまで行動するかどうかの問題なのです

ジョージ・ルーカス（映画監督）

仕事でもらったスランプやストレスは仕事でしか解消されない

松本明慶（大佛師）

少しでも弱気な言葉を口にしたら、その時点で負けだと思っていました

北島康介（水泳選手・五輪金メダリスト）

才能とは、自分自身を、自分の力を信じることだ

マクシム・ゴーリキー（作家）

昨日の私に負けたくない

荒川静香（プロフィギュアスケーター）

疲れた人は、しばし路傍の草に腰をおろして、道行く人を眺めるがよい。人は決してそう遠くへは行くまい

イワン・ツルゲーネフ（小説家）

今の自分に疑問や不安を感じたらそれは、変化しなさいという心の声です

葉　祥明（詩人・絵本作家）

いちど本音を吐いてしまえば人間案外肝が据わる

山本周五郎（小説家）

＊努力や勝負、外見などで悩んだとき

努力は報われず、正義は滅びる。だけど、それでも努力するのが美しい人生だ

秋山　仁（数学者）

僕が持っているものは、すべて努力によって手に入れた

セルゲイ・ブブカ（陸上棒高跳選手・世界陸上金メダリスト）

僕が知っている〝ドーピング〟はただひとつ、〝努力〟だけだ

ロベルト・バッジョ（プロサッカー選手）

一に努力、二に努力、三に努力、すべて努力

福島孝徳（脳神経外科医・デューク大学教授）

中学の頃に首席をとおした男は、（略）他の皆を段ちがいに離しているというわけではなさそうだったな。ただ、彼は他の皆よりもスケールが大きいんだ。（略）その態度が一日として変わらない。素直、というふうにもいえるかもしれないし、誠実、実直。しかし、よく見るとそれがやはり努力なんだな。非常に素直になる努力

色川武大（阿佐田哲也・雀士・作家）

自分を向上させることで手一杯で、他人と競っている時間がない

バリー・ボンズ（プロ野球選手）

人よりほんの少し多くの苦労、人よりほんの少し多くの努力で、その結果は大きく違ってくる

鈴木三郎助（味の素創業者）

大きい声を出し、いつも元気にニコニコしていれば、たいていのことはうまくいきます

樋口廣太郎（アサヒビール会長）

上機嫌は、人が社交界にまというる最上の装飾具の一つである

ウィリアム・メイクピース・サッカレー（作家）

私の経験によれば、欠点のない者は取り柄もほとんどない

エイブラハム・リンカーン（米国大統領）

堅固な戦略を背景に、計画をきちんと立てて経営する時代は終わったようだ。今や出たとこ勝負で、積極的に試行錯誤をやる方がいいのではなかろうか。そのうち何かいい策がつかめるような気がする

菊地庄次郎（日本郵船会長）

自分の欠点ばかり気になり出したら、次の言葉を思い出しなさい。「劣等感を治してくれる人はこの世にたった一人しかいない。それは自分自身だ」と

ジョセフ・マーフィー（著作者・教育者・講演者・精神法則の権威）

プライドがあれば、他人の前で自分をよく見せようという必要はないのに、他人の前に出ると、自分をよく見せようと思ってしまうのは、その人間にコンプレックスがあるからだ

岡本太郎（芸術家）

噂されるよりもっといやなことがひとつだけある。噂もされないこと

オスカー・ワイルド（詩人）

人は一般的に、内容よりも外見で判断する。
内面を判断できる洞察力をもつ者はまれである

ニッコロ・マキャベリ（政治思想家）

「知は力なり」。とんでもない。きわめて多くの知識を身につけていても、少しも力をもっていない人もあるし、逆に、なけなしの知識しかなくても、最高の威力を揮う人もある

アルトゥル・ショーペンハウアー（哲学者）

罪悪によって出世するものもいれば、美徳によって没落する者もいる

ウィリアム・シェイクスピア（劇作家）

勤勉だけが取り柄なら蟻と変わるところがない

ヘンリー・デビット・ソロー（作家）

未来は明日つくるものではない。今日つくるものである。今日の仕事との関係のもとに行う意思決定と行動によって、今日つくるものである。逆に、明日をつくるために行うことが、直接、今日に影響を及ぼす

ピーター・F・ドラッカー（経営学者・エコノミスト）

努力に即効性はなし、と心得よ

野村克也（プロ野球選手・監督）

今日の努力は少なくとも3ヶ月後、1年後といったタイムラグがあって結果として現れるのではないでしょうか

羽生善治（将棋棋士）

やれなかった　やらなかった　どっちかな

相田みつを（書家・詩人）

＊賃金や評価、適性などで悩んだとき

金がないから何もできないという人間は、金があってもなにもできない人間である

小林一三（阪急グループ創業者）

富は海の水に似ている。それを飲めば飲むほど、のどが渇いてくる

アルトゥル・ショーペンハウアー（哲学者）

「貧困は恥ではない」というのは、すべての人間が口にしながら、誰一人、心では納得していない諺である

アウグスト・フォン・コッツェブー（劇作家）

必要な時には金銭について話すことが出来ねばならぬ。
金銭について口をつぐむ者は、一種の偽善行為である

シャルル・ペギー（詩人）

もし勤勉と正直だけが富を築くのだと信じている人があるなら、とんでもないことだ。それは大きな間違いである

ナポレオン・ヒル（著作家・成功哲学の祖）

百万円の金ができれば百万円の知恵がわく。一千万円の金ができれば一千万円の知恵がわく。まずタネ銭を貯めることから始めたまえ

大谷米次郎（ホテルニューオータニ創始者）

金銭は何人たるを問わず、その所有者に権力を与える

ジョン・ラスキン（評論家）

若い時の自分は、金こそ人生で最も大切なものだと思った。
今、歳をとってみると、その通りだと知った

オスカー・ワイルド（作家・劇作家）

金の出し入れを几帳面に見張る習慣は、分相応の生活を送るために大いに役立つ

ジョン・ロック（哲学者）

勤労の裏づけのない富は人間を誤る

山本周五郎（小説家）

この世における諸悪の根源は、お金そのものではなく、
お金に対するその人の愛情にある

サミュエル・スマイルズ（作家）

借金を返すということは収入の問題ではない。性質の問題だ

ローガン・スミス（随筆家・評論家）

お金は世界に君臨する神である

トマス・フラー（聖職者）

人は自分の心を養うためよりも何千倍も多く、富を得るために心を使っている

アルトゥル・ショーペンハウアー（哲学者）

金銭は君主の中の君主である

マックス・ウェーバー（社会学者・経済学者）

役者は舞台の上だけで稼ぐもんや。
それ以外のことでおカネを儲けたら、余計なものが入り込んで汚れてしまう

藤山寛美（喜劇俳優）

知者を装うとするから、いつまでも無知から抜け出せない

フィリッポ・ブルネレスキ（建築家）

よい顔が推薦状であるならば、よい心は信用状である

ブルバー・リットン（作家）

私は「出世」なんてことを考える必要がなかった。
功がだれに帰しようが、失敗をこちらでかぶろうが、どちらでもかまわない

島田卓彌（蛇の目ミシン工業社長）

他人の芸を見て、あいつは下手だなと思ったら、そいつは自分と同じくらい。同じくらいだなと思ったら、かなり上。うまいなあと感じたら、とてつもなく先に行っている

五代目古今亭志ん生（落語家）

己の分を知っている人は、人の信頼も得られ、社会の中で重くなっていく。不満な人は会社で絶対にのびない

稲山嘉寛（新日本製鉄所社長・経団連会長）

人は何度も失敗することがあろう。しかしそれを他人のせいにしはじめるまでは、落伍者ではない

ジョン・バローズ（エッセイスト）

よく覚えとけ。現実は正解なんだ

五代目立川談志（落語家）

「ネガティブ気分は払拭せよ！　努力は継続せよ！
お金への執着はほどほどにせよ！　評価など気にするな！」

携わっていて毎日楽しくって仕方がないという仕事ばかりであれば職場は天国のようなものだが、そうではないのが現実である。だから前章で、失敗や困難に関する金言・格言を紹介した。労災やブラック企業、パワハラ、あるいは約四割の非正規雇用者などが物語るように、仕事を巡る現在の環境は、けっしてバラ色と言える状況ではない。そのためネガティブな気分に陥ったり、賃金や評価に不満などを持っている人は多い。しかしそのような状況下であっても、必要に迫られ、または責任感から、人は真摯な〈努力〉を続ける。

「人生は、ケチな心配事ばかりしているのには短すぎる」チャールズ・キングスリー（作家）

「けつが痛かろうが、頭が痛かろうが、熱があろうが、死んでないかぎりは生きてんだ。そうしたら、生きていることを楽しもう」中村天風（思想家・実業家・日本初のヨーガ行者・東京実業貯蔵銀行頭取）

ちょっとネガティブ気分にある人にとっては、前出二点の金言・格言は如何であろうか？　冗談じゃない、こっちは真剣に悩み、苦悩している状態なのに、そんな達観した気持ちにはなれない、という人がいるのは分かる。だが、そういう心境にあるのならなおさら、気分転換を図った方が良いのではないだろうか。何事もそう自分の思う通りにならない、という事は既に、これまでの人生で学んだであろうし、仕事においてもそれは同様である。しかし、そこで腐っていても、何も解決しない。次の金言・格言を肝に命じよう。

「思い通りに事が進まないのが普通の状態と思っていれば、特に苦情はなくなり、くだらない心配事もなくなる。こうして、自分が目指したところへと進むべきである」渋沢栄一（実業家・生涯で約五百の企業に関わる。「日本の資本主義の父」）

人は皆、努力をしている。学問、スポーツ、芸術、資格……等々、その領域や分野は様々だが、いわゆる自己実現のため、また出世のため、あるいは社会貢献のため、それぞれがそれぞれの形で努力をしている。努力そのものは評価すべき事ではあるが、しかしその捉え方は様々だ、例えば、**伝説の雀士・桜井章一**は、「**『努力したこと』にこだわると上にいけない**」と語っている。

また**マラソンのメキシコ五輪銀メダリスト**である**君原健二**は努力について、「**努力の成果なんて目には見えない。しかし、紙一重の薄さも重なれば本の厚さになる**」と語っている。

この努力の多少は最終的に、それぞれの夢、目標の達成に反映される。その夢や目標の有り様は様々だが、スポーツの世界では勝ち負けという分かりやすい形で表れる。一九六四年から一九七六年まで賞金ランキング一位を保った**アメリカのプロゴルファー、ジャック・ニクラウス**は、「**勝ちたい、勝てる、という気持ちがあるから、ここにいるんだ**」という言葉を残している。また世界の王こと、**プロ野球選手・監督の王貞治**には、「**やっぱり、勝つと見えてくるものがあるんだよ**」と、勝つ事の魅力に関する金言・格言がある。

前述したが、働く事、仕事をする事にはいろいろな意味合いがある。それは社会的貢献であり、自己実現でもある。しかし、人は生活の糧を得なければ生きていけない。つまり仕事とは、〈お金を得る手段〉でもある。さて、お金というものに関し、偉人たちはどのように考えたか？　それを見てみよう。

「**絶対儲かる話は、他人には内緒にするものです**」**東山紘久（臨床心理士）**

「**貧乏人は安いものが好きだ。そして金持ちは貧乏人よりもさらに安いもの**

が好きだ。だから金持ちになったんだ」松本清（マツモトキヨシ創業者）

「彼らが金持ちなのは、自分の金を守ることに成功したからである。それはつまり、一日に十回は他人に『ノー』といったということだ」フランソワーズ・サガン（小説家）

なんとも痛快かつシニカルな金言・格言ではないだろうか。まさしく言い得て妙である。お金を巡っては今日、格差社会、パナマ文書など、何かと取り沙汰されているが、読者もそれぞれに一家言あると思う。本書に掲載した金言・格言を果たして、どう受け止めたであろう？

7 章

挑　戦

職場で新しい仕事を任されるのはよくある事である。また転勤や出向などで新しい職場に移り、新しい仕事に就く事もある。あるいは独立し、自分で新しい仕事にチャレンジする人もいる。そのような時、人は期待と同時に不安を抱くものであり、ここではそういう状況にある人に対しての金言・格言を紹介してみた。

誰しも、未知の世界やテーマにチャレンジするに際しては前述したように、多少の不安や心配を抱くものである。一方で、新しい世界にチャレンジする心の高まりや期待というものも併せ持つ。ポイントは、冷静沈着かつ情熱的に、チャレンジする姿勢である。慎重に、しかし慎重過ぎず、また果敢に、しかし無謀を排し、チャレンジしてみる事が肝心なのだ。

現在は、ルーティンワークを無難にこなしていれば安泰という時代ではない。総務や経理等の事務管理部門であっても、効率化・合理化追求は求められる。まして研究開発部門などでは新しい事へ挑戦する姿勢がなおさら必要とされる。今日、あらゆる仕事・職場において、いわゆるイノベーションが提唱されているが、その牽引力・原動力となるのはチャレンジ精神と言える。それを得るためのヒントが、ここに散りばめられている。

＊新たな事にチャレンジするとき

なんでもやってみなはれや、やらなわからしまへんで

鳥井信治郎（サントリー創業者）

「不可能ですよ」と言われると、「やる気がないだけでしょう」と言い返す

島　正博（島精機製作所創業者）

外国に行く者が、よく事情を知らぬから、知らぬからと言うが、知って往こうというのが、善くない。何も、用意をしないで、フイと往って、不用意に見てこなければならぬ

勝　海舟（幕臣）

デメリットのあるところにこそ、ビジネスチャンスがある

小倉昌男（ヤマト運輸社長）

いつかは誰かがやらねばないことである。だからうちがやる

佐治敬三（サントリー会長）

不決断こそ最大の害悪

デカルト（哲学者）

資金もない。場所もない。ノウハウもない。

……徒手空拳だったから知恵が出せたのだと思う

桜田　慧（モスフードサービス創業者・社長）

誰かがやるはずだった。自分がその誰かになりたかった

カール・ルイス（陸上短距離選手・五輪金メダリスト）

皆は一緒に「こんな常識はずれの物はうれませんよ」とすげない態度。「売ってみなければわからないじゃないか」と言ってくれたのは、たったの一人だった

田嶋一雄（コニカミノルタホールディング社長・会長）

（ディズニーランドは）ユニークであるからこそ、すばらしいものになる可能性がある。娯楽というものの新しい形なんです。ぜったい成功する、と私は思う。いや、そう信じています

ウォルト・ディズニー（ディズニー創業者）

新しい技術への挑戦というリスクを取らない方がリスクは大きい。
この世界では、何もしないことが一番大きなリスクになる

ラリー・エリソン（実業家・オラクル創業者）

何より痛感したのは、「とにかくやってみる」ことの大切さ。これが人間が成長するための最良で最大の方法と学んだ。マーケットが大きくて成熟していない時というのは、やった者勝ちなんです。やった人にだけノウハウがつき、スキルがつく。ノウハウがない、スキルがないからと勝負に出るのをやめるなんて、大変な勘違いです

増田宗昭（ＴＳＵＴＡＹＡ創業者）

挑戦者は美しく、気高く、価値がある

野村克也（プロ野球選手・監督）

経済環境の変化の中で常に生き残っていくのが企業というもの。世界を股に掛けてのさばり歩く人がどんどん出てきてほしい

末永聡一郎（三菱重工業社長）

未来を自分で作ること。これが未来を予測する最も簡単な方法なんだ

アラン・ケイ（計算機科学者・パソコンの父）

それにもまして人間というものは、ある決意のもとに事を進めていけば大体何事でもやれるものだという教訓を、この鉄道からわれわれは教えられたような気がする

島　秀雄（旧国鉄技師長〈新幹線の生みの親〉・宇宙航空開発事業団〈ＪＡＸＡ〉初代理事長）

結局の所、己の限界は己が決めている。もっと跳ばなければならない

孫　正義（ソフトバンクグループ創業者）

追い込むのは自分でも本当は怖いんですけど、そういうところまでたどり着かないと、人間の潜在能力というのは引き出せない

清水宏保（スピードスケート選手・五輪金&銅メダリスト）

昼間夢見る人は、夜だけしか夢見ぬ人には見えない多くのことを知っている

エドガー・アラン・ポー（作家・詩人）

誰もやったことのない仕事にこそやりがいがある。世界の何人も成功しなかったような仕事を成し遂げるのが、日本の新事業家の栄えある使命じゃあるまいか

御木本幸吉（ミキモト創業者）

私は収穫の時には立ち会わないかもしれないが、今のうちに蒔けるだけ種を蒔いておきたい

ミハイル・ゴルバチョフ（ソビエト連邦第8代最高指導者）

一人だけオフィスに取り残されたとき、「これからはおれが一国一城の主なんだ。世界を相手に暴れまわってやるぞ」と心の中で叫んだものだ

高畑誠一（双日創業者）

多少の手違いなんか忘れろ。失敗も忘れろ。自分がいま、これからしようとしていること以外は全部忘れてやろうじゃないか

ウィリアム・デュラント（ゼネラルモーターズ創立者）

人間志を立てるのに、遅すぎるということはない

スタンリー・ボールドウィン（英国首相）

なりたかった自分になるのに、遅すぎるということはない

ジョージ・エリオット（作家）

7割の成功率が予見できれば事業はやるべきだ。5割では低すぎる。9割では高すぎる

孫　正義（ソフトバンクグループ創業者）

伝説は、過去の業績にしがみついている老人のことだろ
マイルス・デイヴィス（ジャズ・ミュージシャン）

高い塔を建ててみなければ、新しい水平線は見えない
川口淳一郎（宇宙航空研究開発機構〈JAXA〉「はやぶさ」プロジェクトマネージャー）

価値ある事業は、ささやかで人知れぬ出発、地道な労苦、少しずつ向上しようとする努力といった風土のうちで、真に発展し、開花する
フローレンス・ナイチンゲール（看護師・衛生統計者・看護教育者）

努力しなければ夢に近づかないが、努力したからといって必ずそれが報われるわけじゃない
武　豊（騎手）

ベルは、電話を発明する前に市場調査をしたか？

スティーブ・ジョブズ（アップル創業者）

やらないことには、結果が出るか出ないかわからない。先に答えを欲しがるのは、甘えでしかない

工藤公康（プロ野球選手・監督）

どこかにたどりつきたいと欲するならば、いまいるところには、とどまらないことを決心しなければならない

J・P・モルガン（実業家・篤志家）

常識と言われることを少しでも変えてやろう、というのが、ぼくの生き甲斐のひとつにある

イチロー（プロ野球選手）

チャレンジ精神がなくなったら、人生は終わり

野村克也（プロ野球選手・監督）

リスクを引き受ける気があるなら、多少目をつぶることは必要だ。不安はあっても、「うまくいく保証はないが、ベストを尽くしてみようじゃないか」というぐらいの勇気はなくてはならない

ビル・ゲイツ（マイクロソフト創業者）

欲を捨てろなんて、そんな消極的な、できないことは大嫌いだ

中村天風（思想家・実業家・日本初のヨーガ行者）

アレクサンダー・ベル、トーマス・エジソン、ナポレオン、そしてアレクサンダー大王をも凌ぐ、史上最大の偉業を達成するつもりだ

テッド・ターナー（CNN創業者）

マイクロプロセッサーを個人のツールに。この発想転換こそイノベーションだ

スティーブ・ジョブズ（アップル創業者）

自分の可能性を自分で限定するな

野村克也（プロ野球選手・監督）

＊決断力・行動力

良いと思うこと、正しいと思うことは最初からちゃんとやりなさい。他社がやったから、と言うのは、おかしいじゃないか

岩村英郎（川崎製鉄社長）

死んでから来ては、名医もヤブ医者以下

本田宗一郎（本田技研工業創業者）

パッとしない人間には二種類ある。
言われたことができないタイプと、言われたことしかできないタイプだ

サイラス・ハーマン・コッチュマー・カーティス（出版業者）

自分に命令しないものは、いつになっても、しもべにとどまる

ゲーテ（詩人・劇作家・文学者）

地道な行動が最大の自己アピールになる

樋口廣太郎（アサヒビール会長）

大企業は生活習慣病。健康体に戻るには、組織や事業の構造改革も必要だが、まずは社員の意識改革が欠かせない

立石義雄（オムロン社長）

夢という言葉は好きではない。見ることはできてもかなわないのが夢。ボクはずっと信じて目標にしてやってきた。だから今ここにいる

松坂大輔（プロ野球選手）

何をやるのかを決めるのは簡単。何をやらないのかを決めるのが大事

マイケル・デル（デル創業者）

自分の判断が正しかったからいい結果が出るという満足感がたまらない

篠塚建次郎（自動車ラリードライバー）

自分が自分に〝良くやっている〟って思ったら、その時はもう終わりが近いってことだよ

中田英寿（プロサッカー選手）

まよわずやりたいことをやってみろ。かならず道がある

三浦知良（プロサッカー選手）

経営者にとって人を切ることほどつらい決断はない。だが、〝人を切るのを楽しむ〟人間や〝人を切れない〟人間は、会社を経営すべきではない

ジャック・ウェルチ（ゼネラル・エレクトリック会長）

我々は、過去を知らないばかりに、自分の生きる時代を中傷する。人間はかれこれずっとこんな調子できたのである

ギュスターヴ・フローベル（小説家）

ぜひやり遂げたいと思っている仕事が途中でうまくいかなくなっても、あっさりと投げ出して敗北を認めてはならない。何か他のやり方を試みることだ。音の出る弦は一本だけではない。他の弦を見出せばよいのだ

デール・カーネギー（教育者）

世界の人々は常に進み続ける。だから、現状維持とは結局、何の解決にもならず、私たちが出遅れることになるだけだ

渋沢栄一（実業家・日本の資本主義の父）

決断とリスクはワンセット。本当のリスクとは、決断を下したあとに伴うリスクではなく、決断を下すべき時に束の間のリスクを恐れ、逃げてしまうこと

羽生善治（将棋棋士）

遅すぎる決断というのは決断しないに等しい

孫　正義（ソフトバンクグループ創業者）

自分自身が信じるもののために精いっぱい闘ってみて。そしたら、きっと、驚くわよ。あなたは、あなたが思っているよりもずっと強い人間なんだから

レディー・ガガ（歌手）

「仕事に挑戦と決断は欠かせない！」

人生は挑戦の連続である。また決断、判断の連続でもある。そしてそれは、仕事においても同じだ。日々の業務においても、新プロジェクトにおいても、決断力や判断力が必要となる。仕事によっては、瞬時に判断し即、実行に移すスピード感が求められるものがある一方、熟慮に熟慮を重ね綿密な計画の元、慎重に進めなければならないものもある。いずれにしろ、基本はチャレンジ精神であり、最後は決断力である。

この事についてスイスの哲学者アミエルは、**「決心する前に、完全に見通しをつけようとする者は、決心することはできない」**という金言・格言を残している。またアメリカの作家エルバート・ハバードや日本の芸術家岡本太郎にも同様の言葉がある。

「人生で犯す最大の誤りは、誤りを犯しはしないかと絶えず恐れることだ」

エルバート・ハバード

「なんでもいいから、まずやってみる。それだけなんだよ」岡本太郎

これらは単に、個人的な心構えや姿勢だけについて述べたものではない。企業や機関、団体などにも通じる教訓でもある。例えば、オムロン創業者の立石一真は、「**ダメと決めつけるのはたやすい。しかし改善の余地ありでなければ、創造の将来はない。〝まずやってみる〟が我々が築きあげてきた企業文化なのだ**」と語っている。

挑戦を決断する。実行に移す。その結果は成功失敗、業績などの形で表れる。勝負の世界は厳しい。なんといっても、結果が白黒、明確な形で表れるからだ。それだけに、彼らは新しい戦法とリスクとの間で悩むようだ。「**画期的なイノベーションとか、今までになかったようなアイディアというのは、やはりハイリスクなんです。だから、あまりリスクの管理がうまくなりすぎるとか、賢くなりすぎちゃうのも、ちょっと考えものかな**」。あの**天才将棋棋士・羽生善治**をして、このように言わしめている。

もちろん、何でも挑戦すればよい、という訳ではない。誰が見ても、無鉄砲や無謀と思える挑戦はある。ただ、頭でっかちになり、ネガティブな想像ばかり働かし、頑張れば手が届くものにも挑戦しないのは愚かな事である。間違いや失敗はあるだろう。しかし、世の中には再挑戦というものもある。大切なのは、いわゆるP（計画）D（実行）C（S）（検証）の考えに基づき、結果の検証を的確に行なう事である。

日常のルーティン・ワークは別として、企業などの組織が新しい事業に進出する時は当然、市場調査、許認可の要否、競合他社の状況などを調べ、その上でメリットや勝算があれば進出、なければ中止という判断に至る。個人であっても、趣味や遊興の前にその世界を入念に調べるような事はしないだろうが、就職や転職、資格取得などの生活や人生に直結するような事柄に関しては、一定の事前調査を行なうであろう。個人であれ、組織であれ、何かを〈決断〉するに際しては、それなりに情報収集や調査を試みるものだ。**江戸幕府初代将軍・徳川家康**は〈決断〉という点に関し、「**決断は実のところそんなに難しいことではない。難しいのはその前の熟慮である**」という言葉を残した。

要は、〈挑戦〉と〈リスク〉、そのバランスの見極めという問題なのである。その点について、**著述家でありマーケティングの理念や手法の世界的権威である経営学者でエコノミストのピーター・F・ドラッカー**は、次の様に語っている。

「リスクの有無を行動の基盤としてはならない。リスクは行動に対する制約にすぎない」、「事業においては、リスクを最少にすべく努めなければならない。

だが、リスクを避けることにとらわれるならば、結局は最大にしてかつ最も不合理なリスク、すなわち無為のリスクを負う」

難しい問題である。投資話でも、ノーリスク・ハイリターンなどありえないし、そういう話を持ちかける人物には気をつけるのが賢明であろう。何事にも多少のリスクは付きものなのである。ただ、事なかれ主義や無為にもリスクが伴うのも真実と言える。ファスナーで有名なYKK創業者・吉田忠雄は、「大学を出たインテリの悪い癖は、実行する前にまずできるかできないかを自分の頭で考えてしまう。小さな個人の頭脳で割り切れることは人生には一割もない。後の九割はやってみねばわからない。だからどんどん体当たりしていく人が、不思議なくらい次々と仕事を解決していく」という言葉を残した。

また決断にはスピード感やタイミングも大きなポイント要因であり、「戦いは考え過ぎては勝機を逸する。たとえ草履と下駄とをちぐはぐに履いてでもすぐに駆け出すほどの決断。それが大切だ」黒田如水（戦国武将）といった金言・格言もある。

8章

勇気・意欲・情熱・信念が必要なとき

どのような仕事でも、その人に与えられた役割やそれに伴う責任というものがあり、また目的や具体的な目標というものがある。

例えば、あなたがあるプロジェクトの一員となり、その遂行がなかなかスムースにいかないとしよう。元々の計画に無理や見通しの甘さがあるような場合もあれば、実行・行動の方法論や段取りに問題がある場合もある。仕事とは、そのような幾つもの課題や矛盾を解決しながら進めていくものである。

そこで必要となるのがまず、仕事の知識やノウハウ・スキルなどの、言わば〈知力・技術力など〉である。しかし、それらを駆使しても、仕事が上手くいかない場合もある。そのような時には、〈知力・技術力など〉以外の、意欲や情熱、信念、志、忍耐、あるいはそれまでの自分から一歩踏み出す勇気などが、遂行の原動力や支えとなる。

もちろん、これは単なる精神論で言っている訳ではない。偉業の達成には意外に、そういった泥臭いとも言える〈力〉が働いている場合が多くあるのである。その証を、金言・格言に見て頂きたい。

一番充実する地点に向かって、探りながら進んでいる感じです。決して止まってはいないし、まだまだ上がある。自分の可能性に賭けているというところです

三浦知良（プロサッカー選手）

仕事をし続けて、仕事の中でぶっ倒れるのが理想だ

山本耀司（ヨウジヤマモト創設者）

泣き言なんて何の役にも立たない。力になるのは強い意志だけだ。

ロベルト・バッジョ（プロサッカー選手）

いつかできることはすべて、今日でもできる

ミシェル・ド・モンテーニュ（哲学者）

未来は今日始まります。明日始まるのではありません

ヨハネ・パウロ2世（ローマ教皇）

未来とは今である

マーガレット・ミード（文化人類学者）

人間いたずらに多事、人生いたずらに年をとる。いまやらねばいつできる。わしがやらねばだれがやる

平櫛田中《ひらくしでんちゅう》（彫刻家・東京芸術大学名誉教授・文化勲章受章者）

理想の環境なんて待つな。最高のチャンスも同様だ。そんなものは、決して来ない

ジャネット・E・スチュアート（聖職者）

私は本当に、自分のできる最大限のことをやっただろうか。まだだ

スティーヴン・スピルバーグ（映画監督・プロデューサー）

へたばるまでプレイしていると思うね

エリック・クラプトン（ミュージシャン）

休むことは錆びることだ

トーマス・エジソン（発明家）

プレーできるなら寿命が縮んでもいい

ロベルト・バッジョ（プロサッカー選手）

覚悟がない人の言葉や行動は響かないんです。特にプロといわれる世界では響かない。投げてくるボールも、何かを語ってきますよ。あれが野球選手の本当の会話なんです

イチロー（プロ野球選手）

何度でも蹴る。俺のメンタリティーは勝つまで前進だ

デビッド・ベッカム（プロサッカー選手）

仕事をしていると、私はキャンディをもらった子供のような気持ちになっています。何を見てもわくわくして、幸せな気持ちでいっぱいになり、仕事をするエネルギーが湧いてきます。だから動けるのです。私が選んだ仕事はすばらしいですよ。歌も指揮も、それに今では管理職の仕事も少しやってみたいと思い始めています

プラシド・ドミンゴ（オペラ歌手）

私に取り柄があるとすれば、ただエンジンが好きで好きでたまらずそれに没頭できたことだ

山岡孫吉（ヤンマーディーゼル創業者）

結果というものにたどり着けるのは、偏執狂だけである

アルベルト・アインシュタイン（理論物理学者・ノーベル物理学賞受賞者）

私に出来るのは、私が出来ることについて、私が出来るベストを尽くすこと

スティーヴィー・ワンダー（ミュージシャン）

勇気とは、窮しても品位を失わないことだ

アーネスト・ヘミングウェイ（作家）

わがままに自分のしたいことに専念するために脱藩したい　平賀源内（発明家）

一度とりかかったら途中でやめない。どんな状況下でもチャンスはある。必ず成功すると信じてやり抜くこと

森　泰吉郎（森ビル創業者）

お客様はここへは〝感動〟を食べにやってくる

フェラン・アドリア（料理人）

志のあるところに道は拓かれ、求めるところに師は現れる

鬼塚喜八郎（アシックス創業者）

弱点を認識したうえで舵取りを誤らないのが現実の経営だ。絶対に世界一の効率で物を作るぞ、という執念を持ち、それを追求し続けるのが日本企業の神髄だと思う

金森政雄（三菱重工業社長）

人間は知と行だけではダメである。そこには、必ずだれにも負けないという信念が必要だということである

五島慶太（東急グループ創業者）

志の低い男は、目のつけどころが低い

山本常朝（武士・『葉隠』口述者）

人間を偉大にしたり卑小にしたりするのは、その人の志である

シラー（作家）

次、生まれ変わったらこうしたい、とか言う人がおるけど、次はないよ

辰吉丈一郎（プロボクサー・WBC世界バンタム級チャンピオン）

独立の気力なき者は必ず人に依頼す、人に依頼する者は必ず人を恐る、人を恐るる者は必ず人に諂うものなり

福沢諭吉（蘭学者・著述家・教育者・慶應義塾大学創設者）

たとえ、誰も僕の曲をアルバムに録音する気がなくなったとしても、それでも僕は歌を書き続けるよ

ポール・マッカートニー（ミュージシャン）

何事であれ、自分に才能があるとなれば、人は指先に血が滲み、目の球が抜け落ちそうになるまで、そのことにのめり込むはずである

スティーヴン・キング（作家）

ぼくは完璧主義者だ

マイケル・ジャクソン（歌手）

闘い続けるしかない

手塚治虫（漫画家）

たとえ親類の誰かが死にかけても、ワールドカップを獲る

ペレ（プロサッカー選手）

発見の旅とは、新しい景色を探すことではない。新しい目をもつことだ

プルースト（作家）

現実の人生では、あらゆる偉業は信念に始まり、信念によって第一歩を踏み出す

アウグスト・フォン・シュレゲール（批評家・詩人）

敵は67人のランナーではなく、私自身。その戦いに勝った

アベベ・ビキラ（マラソン選手・五輪金メダリスト）

意志は才能不足を補うが、才能は意志不足を補わない

下村湖人（小説家）

将来の大きな夢を判断力と混ぜ合わせ、活力で調味する。こうして『成功』料理ができ上がる

デール・カーネギー（教育者）

挑み続ければオセロのように、最後に大逆転することだってできるんです

高橋尚子（マラソン選手・五輪金メダリスト）

なんでもいいからさ　本気でやってごらん　本気でやればたのしいから　本気でやればつかれないから　つかれても　つかれが　さわやかだから

相田みつを（書家・詩人）

何が何でも欲しいってものがあったら、まずどんな苦労でも耐え抜く覚悟を決めなきゃいけないわ

レディー・ガガ（歌手）

「意欲、情熱、信念、志なきところに良き『仕事』なし！」

世の中から斬新、画期的、素晴らしいなどと評価される製品やシステムの開発、芸術作品、また歴史的偉業は何故誕生したのか？　結論を述べれば、そこに優れた人材や優れたチームワークがあったからである。では、その〈優れた〉とは何を意味するのか？　高く、かつ豊富な知識・知性、豊かな感性、卓越した技術、強靭な体力……等々、いろいろと思い浮かべるものはあるだろう。もちろん、そのような資質や能力は有るに越した事はないが、〈優れた〉という言葉の本質ではない。

本質は、そのような各種能力を培った、あるいはそのような能力を発揮できる〈意欲・情熱・信念・志〉なのである。逆に言えば、そういった〈意欲・情熱・信念・志〉が無ければ、たとえ優れた資質や能力を持っていても、偉業はもちろんのこと、誰しもが認めるような製品や芸術を生み出すのも難しいのではなかろうか。

ＩＴ界の寵児の一人、**サイバーエージェント創業者の藤田晋**には、「**今がん**

ばらなければ、いつがんばる」といった言葉がある。また、**名歌舞伎役者・市川左団次**にも「**今出来ない事は、十年たっても出来まい。思いついた事はすぐやろうじゃないか**」といった同様の言葉がある。

この二人に共通するのは意欲であり、情熱であり、信念であり、志である。昨今、自治体の役所などに「すぐやる課」といった課が設置されているが、設置の発想には、とかく〈お役所仕事〉と揶揄される、スピード感のない仕事ぶりへの反省や反動が見え隠れする。また同時に、即行動・実行という態度の背景には、意欲や情熱、信念といったものが見受けられるのである。

一方、〈前進〉にも意欲や情熱、信念が必要とされる。**野村証券などがある野村財閥を創始**した**野村徳七**は、「**常に一歩前進することを心がけよ。停止は退歩を意味する**」と語っている。

プロフェッショナルやエキスパートと言われる人達には、意欲や情熱、信念、志を胸に秘めている人は多い。松岡修造を例にとるまでもなく、スポーツ界のプロには、そういったものを持った人が多い。それは、次の二人の言葉からもうかがい知れる。

「**俺がもしピッチで倒れて寝転んだら、それはもう本当に立てない、動けな**

いとき。痛みなんて、望む結果を得ようとしたら些細なことでしかないから」中田英寿（プロサッカー選手）

「どんな仕事にせよ、信念を持って続けていれば、必ず陽が当たる時が来る」、「未熟と限界の判断を誤らないこと。『限界』という言葉を簡単に口に出して言うな。結論を急ぐな」、「教えてもらうより、覚えろ」野村克也（プロ野球選手・監督）

あの〝世界のたけし〟ことビートたけし（タレント・映画監督）は、〈意欲・情熱・信念・志〉といったものに対しては照れて、笑いにしてしまいそうだが、「やっぱりある程度の確信をもって、この道を上がっていけばどうにかなるんだ。私はこれを信じてきちんと歩くんだ、その途中で死のうが何しようが、歩き続けるんだ。それぐらいの覚悟を持ってほしい」と案外、真面目に語っている。

洒落好きで飄々とした雰囲気を漂わせていたアルベルト・アインシュタイン（理論物理学者）の場合はどうであろう。ノーベル物理学賞を受賞し、21世紀の今日まで科学界に影響を与え続けている天才科学者は、「私には特殊な才能はありません。ただ、熱狂的な好奇心があるだけです」と語っている。

以上、述べてきたように、〈意欲・情熱・信念・志〉は偉業達成の原動力であり、画期的や斬新とされる製品などを開発するエネルギーなのだ。それは、あのカップヌードルを世に出した**安藤百福（日清食品創業者）**やIT界の風雲児、**孫正義（ソフトバンクグループ創設者）**の言葉からもうかがえる。

「明確な目標を定めたあとは執念だ。ひらめきも執念から生まれる」（安藤百福）

「志、成せぬ恥より持たぬ恥」（孫　正義）

本章の最後は、この金言・格言でまとめたい。

「私には海外での酒造りという心躍る夢があった。夢を追いかけるのに夢中で老ける暇もなかった」本坊豊吉（薩摩酒造社長・南九州コカ・コーラボトリング社長）

〈意欲・情熱・信念・志〉は、〈夢〉の原動力、エネルギーであるのだ。

9章

ノウハウ・スキルの取得と研究開発

仕事には、税務・法務・社会保険関係などの各種資格や知識、ＰＣ操作能力、語学力、マーケティング力などのノウハウやスキルが求められる。また研究開発などに関わる部署に所属すれば日々、担当するテーマや与えられた目標達成のために格闘する事になる。

当然ながら、ノウハウ・スキルの取得も研究開発にしても、一夜にして成し遂げられるものではない。日々、忍耐と努力を重ね初めてそれは取得でき、成就し、いわゆるプロフェッショナルやエキスパートになれるのである。経理、総務、法務、人事、営業、企画、新製品研究開発など、企業や団体には様々な部署があるが、どの部署に所属しようと、ノウハウ・スキルの向上や研究開発の努力は求められる。

何事も始めるのに遅い、というものはない。新社会人であっても、管理職であっても、また経営陣であっても、常に自己を高め、組織に貢献する事は、いわば責務である。はたしてノウハウやスキルを高め、研究開発を深めていくためにはどういう心構えや姿勢を持つべきなのか？　ここに掲載した金言・格言に、それを見出して頂きたい。

「自分」の生きている間は役に立てないかもしれない。いいじゃないかと。そんなすぐに実用化が見えていることじゃなくて、今も全然出来ないことを、将来出来るようにしたい

山中伸弥（京都大学iPS細胞研究所所長）

皆と違うことをやれ、人の真似はするな

岡野雅行（岡野工業社長）

努力だ。勉強だ。それが天才だ。だれよりも三倍、四倍、五倍勉強する者、それが天才だ

野口英世（細菌学者）

世の中が必要としているものをつねに探せ

トーマス・エジソン（発明家）

講習を受けなければ使えない機械など、顧客をバカにしている

ラリー・エリソン（実業家・オラクル創業者）

科学技術の進歩はつねに危険と背中合わせだ。それを乗り越えてはじめて人類の未来に貢献できる

アルフレッド・ノーベル（化学者・実業家・ノーベル賞創設者）

つねに三つか四つ、心の中に夢の卵を抱いて生きる

小柴昌俊（素粒子物理学者・ノーベル物理学賞受賞者）

研究だけをやっていたのではダメだ。それをどうやって世の中に役立てるかを考えよ

北里柴三郎（医学者・細菌学者・北里伝染病研究所設立者）

科学研究も人間の知的好奇心にもとづく創造であって、芸術やその他の文化活動と同じものだ

湯川秀樹（理論物理学者・ノーベル物理学賞受賞者）

美しい形は構造的に安定している。構造は自然から学ばなければならない

アントニオ・ガウディ（建築家）

ユーザーの立場で考えた場合、多少でも不利となりうる要素は決して採用すべきでない

フェルディナンド・ポルシェ（自動車工学者・ポルシェ創業者）

化学は予期しないことが起きる。そこで独創性が問われると思います

白川英樹（化学者・ノーベル賞化学賞受賞者）

実験は常に真っ当な結果をもたらしているものだ。

こんなはずはないと考えるのは、人間のほうが間違っているのだ

八木秀次（工学者・東京工業大学学長・大阪帝国大学総長など）

真似をして楽をしたものはその後に苦しむことになる。研究者として大事なところはそこだろうと、私はいまでも考えている

本田宗一郎（本田技研工業創業者）

地球上を旅するのと同じ手軽さで、太陽系を旅行することができるようになる

ウォルナー・フォン・ブラウン（ロケット開発者）

合理的なメカニズムは、美しくなければならない。
美しい機械は、性能もすばらしい

島　秀雄（旧国鉄技師長〈新幹線の生みの親〉・宇宙航空開発事業団〈ＪＡＸＡ〉初代理事長）

誰もが見ていながら、誰も気づかなかったことに気づく。
研究とはそういうものだ

コンラート・ローレンツ（動物行動学者・ノーベル生理学・医学賞受賞者）

技術っていうのは、それ自体に価値があるわけじゃない。うちみたいなメーカーが、それを応用して製品をつくって初めて価値が出てくるんです

中村恒也（セイコーエプソン社長）

コンピュータはビジネス用として発展してきた。別の意味のコンピュータの世界をつくりたいというのが僕のエンジニアとしての夢

久多良木　健（ソニー・コンピュータエンタテインメント社長）

現場で考え、現場で研究せよ

豊田喜一郎（トヨタ自動車工業創業者）

会社はつぶれてもいいから真似をするのだけはいやだ

本田宗一郎（本田技研工業創業者）

人間が科学を進めている原動力は、人間の好奇心にあり、それを爆発的に押し進める原動力にある

利根川　進（免疫学者・ノーベル医学・生理学賞受賞者）

発明研究は、学理に基礎を置いて、しかしてそれが経済上に利あるものでなければならない

高峰譲吉（生理学者）

我々は発明の恩恵によらねば生きていけない

ノバート・ウィナー（コンピュータ学者・サイバネティックス提唱者）

開発するものによっては、袋小路を出られない場合がある。しかし、それは常識のワクだけで考えているためである場合が多い

安藤百福（日清食品創業者・チキンラーメン開発者）

本当に優れた研究成果を出すには、会社のいうことを聞いてはいけない

中村修二（カリフォルニア大学教授・ノーベル物理学賞受賞）

インスピレーションです。それ以外の何ものでもない

中島平太郎（ソニー技術顧問・デジタルオーディオ開発者）

料理は、音楽に似ていて、やむことのない繰り返しと、しっかりとした技術の基盤、そして日常的な実践が大切なのです

ジョエル・ロブション（料理人）

日本語ワープロが登場しなければ、日本語自体の存在が危うかった

森　健一（エンジニア・日本語ワープロ開発者）

研究所はいつでも五年、一〇年先をみている必要がある。それでやっと、新製品の造出にまにあう程度である。世の中はそれくらい激しいテンポで変化しているのだ

土光敏夫（石川島播磨重工業社長・東芝社長・臨時行政調査会会長など）

一流になりたければ超一流に触れなければダメ

高橋忠之（志摩観光ホテル総料理長兼総支配人）

我々が目指したのは、アップルにとって最も大切なものを再現するということなんです。そしてそれは、シンプル。つまり簡単だということです

スティーブ・ジョブズ（アップル創業者）

私は考えなかった。ただ、探求した

ウィリアム・レントゲン（物理学者・ノーベル物理学賞受賞）

新知識によるイノベーションが失敗するのは、起業家自身に原因がある。高度の知識以外のもの、とくに専門領域以外のことに関心をもたない。顧客にとっての価値よりも、技術的な高度さを価値とする。二〇世紀の起業家というよりも、十九世紀の発明家のままである

ピーター・F・ドラッカー（経営学者・エコノミスト）

革新的技術が生まれたとき、保守派は足りない点を見て嘆き、革新派は優れた点を見て夢を描く

孫　正義（ソフトバンクグループ創業者）

個人の創意や自主性を大切にせよ。研究に立場の上下はない。若い研究者の自発的な意思で研究を進めた方が必ず大きい成果を得られる

高柳健次郎（工学者・日本のテレビの父）

20歳だろうが80歳だろうが、とにかく学ぶことをやめてしまったものは老人である

ヘンリー・フォード（フォード・モーター創業者）

「研究開発の要は、インスピレーション、工夫、探求、粘りなどだ！」

終戦後、短期間の内に、日本は見事に復興を果たし、今日に至る。その要因は日本人の勤勉性など様々だが、その一つに日本の科学技術力があろう。昨今はかつての勢いに若干の陰りが見られる産業も見られるが依然、日本は世界的な科学技術立国と言える。資源が少ない日本はそれを輸入し、商品として輸出する事で長い間、貿易黒字を達成し続けてきた。その背景には、ノウハウやスキルを磨き、研究開発分野において確かな実績を積み上げてきた人々がいる。

島秀雄。企業などで研究開発畑にいるならば、この名を知らぬ人は少ないであろう。なんといっても**新幹線開発を担った、元・国鉄技師長であり、宇宙航空研究開発機構（ＪＡＸＡ）初代理事長**であるからだ。その島は、「**電車は速ければいいというものではない。一番大事なのは安全であることだ**」と、技術者としての矜持をこの言葉に込めた。

一方、戦後を代表する電気メーカーの一つ、**ソニー（旧・東京通信工業）**。同社を創業した一人の**井深大**は、研究開発者として、製品開発観を「**常識と非**

常識がぶつかり合ったときに、イノベーションが生まれることがあるんです」と語っている。また、同じ電気メーカー、シャープ創業者の早川徳次には、研究開発に関して「**教わって覚えたものは浅いけれど、自分で苦しんで考えたことは深いんですよ**」という言葉を残した。

面白い事に、研究開発とノウハウ・スキルの間には共通点があるようで、有名な**寿司店「すきやばし次郎」の主人、小野二郎**には「**教えてもらったことは忘れる。自分が盗んだものは忘れない**」という言葉があり、分野・畑に違いはあっても、上にいく者、何かを成し遂げる者の仕事観やそれに対して向ける姿勢には重なるところが多い。

承知の通り、現在はネット社会であり、ＩＴ産業の隆盛には目を見張るものがある。今やコンピュータは社会インフラとして欠かせない存在となり、エネルギー、運輸、通信、流通、金融、サービスなど、あらゆる産業・社会の神経としてその役割を担っている。そのコンピュータ業界において研究開発分野で輝かしい業績を残した人々の研究開発観とはどのようなものなのか？

「**誰も成功していないのは、アイデアが悪かったのではなく、やり方が悪かった結果という可能性もあります**」ゴードン・ユーバンクス（シマンテックC

EO）

「コンピュータの設計は芸術である」シーモア・クレイ（電気工学者・スーパーコンピュータ「クレイ」開発者）

共に世界をリードするコンピュータの開発に携わった人物であり、その言葉には興味・関心が尽きない。

一方、日本の研究開発者の言葉を見てみよう。**土井利忠。**ソニーの開発者であり、あの「**アイボ**」の生みの親である。

「神が創ったものに比べると初歩的ですよ」

極めて含蓄のある言葉であり、土井の深い哲学を感じさせる金言・格言と言える。残念ながら早世したものの、コンピュータ業界のスターであったスティーブ・ジョブズ（アップル創業者）も、もちろん研究開発者として、また経営者として、一家言を持つ。

「18人がアイデアを持ち、二つしか実現できないとすれば、16人が不幸だ」

このジョブズの言葉と観点は異なるが、**ソニー創業者の一人、盛田昭夫**にも、〈アイデア〉に関する興味深い言葉が残っている。

「アイデアの良い人は世の中にたくさんいるが、良いと思ったアイデアを実

行する勇気のある人は少ない」

研究開発は世の中を動かし、変える。つまりそれは、極めて社会との関わりが強いという事だ。そのため、こんな金言・格言も生まれている。

「産業は、学問の道場である」本多光太郎（物理学者・金属工学者・日本の鉄鋼の父）。視点を逆にして現在、大学の研究所や企業の研究所に身を置いている人々は、この言葉をどういう風に受け止めるであろうか？

研究開発とは若干、距離のある言葉であるが、それにも通じる面白い言葉を、あの**松下幸之助（松下電器産業創業者）**が残している。たまに味わってみては如何であろう。

「物事を念入りにやったがために、余計に時間がかかったというのでは、本当に事を成したとはいえないであろう。念入りに、しかも早くというのが今日の名人芸なのである」

10章

想像力と創造力を鍛える

仕事に取り組むことおいて、責任感やチームワーク、意欲、忍耐力、チャレンジ精神などは欠かせないが、想像力や創造力というものも不可欠である。自分は研究開発職でもないし、企画・クリエイティブ部門でもないので、そういうものは関係ない、と考えるのは大間違いである。

総務、経理などの事務職や営業職においても、仕事をより効率的、合理的に進め、生産性を向上させたり、取引先と良好な関係性を継続・発展させるための想像力や創造力は必要となる。その想像力や創造力の種やヒントは、なにも実務書や日々の仕事の中だけに埋まっている訳ではない。様々な場や空間、時間に、インスピレーションを刺激する種やヒントは転がっている。アンテナを様々な分野に拡げておかなければならない。

そこから得た何かを仕事にフィードバックする事で、仕事の改善や向上、あるいは新製品開発などに結びつけられる可能性もある。また、既成概念に捉われないあなた独自の感性が、新たな次元の仕事や事業などを創る可能性も否定できない。ここでは、そのような想像力や創造力を触発する金言・格言を集めてみた。

少なくとも一度は人に笑われるようなアイデアでなければ独創的な発想とは言えない

ビル・ゲイツ（マイクロソフト創業者）

現場を知らない企画屋ほどやっかいなものはない

千代賢治（住友生命保険社長・会長）

全員が賛成するような案はパンチがないし、全員が賛成する頃には、もう遅れをとっているものが多い

吉田忠雄（ＹＫＫ創業者）

ばかげたアイデアでも紙に書いてみよ、
そうすればすばらしいアイデアが生まれてくる

アレックス・オズボーン（アイデア創出研究家・ブレインストーミング考案者）

最初のひらめきが良くなければ、いくら努力してもダメだ。
ただ努力だけという人はエネルギーを無駄にしているにすぎない

トーマス・エジソン（発明家）

技術には歴史がある。しかし、技術者には過去はない。ただ創造あるのみ

稲葉清右衛門（ファナック社長・会長）

難問は分割せよ

デカルト（哲学者）

経験はプラスにもなるが、マイナスになることもあるのだ

谷川浩司（将棋棋士）

どんな時でも向上心を忘れてはいけません。向上心こそあらゆる試練に絶える原動力です。向上心は想像力を喚起する働きもします

ジョセフ・マーフィー（著作者・教育者・講演者・精神法則の権威）

社員のなかには知恵がある人間がたくさんいる。そういう人たちから自由さ、創造の喜びを奪ってはいけない。無鉄砲なくらいのチャレンジをさせなくては企業の若さは保てない

松本　望（パイオニア創業者）

発見とは、万人の目に触れる物を見て、誰も考えなかったことを考えることである

セント・ジェルジ・アルベルト（生理学者・ノーベル生理学・医学賞受賞者）

すぐれた芸術には、飛躍がある。創造だから。かならず見るひとに一種の緊張感を要求する

岡本太郎（芸術家）

発明はすべて、苦しまぎれの知恵だ。アイデアは、苦しんでいる人のみに与えられている特典である

本田宗一郎（本田技研工業創業者）

人生における三大資源は、時間とお金と想像力である。時間とお金には限りがあるが、想像力は無限である

アーニー・J・ゼリンスキー（作家）

独創は学問といわず実業界その他あらゆる面で最高の指針だ

鈴木梅太郎（化学者・ビタミンB_1の発見・研究で受賞多数）

多くを学ぶより創造するほうが優る。創造は人生の根底なり

アンリ・ファーブル（生物学者・詩人）

重要なのは常にイマジネーションを働かせ、毎日新しいフェイントを試したり仲間のプレーを真似すること。そうやって日々の練習で身につけていくもの。僕は子供の頃から色んなテクニックを考えるのが好きで、とにかくチャレンジして覚えたんだ

ロナウジーニョ（プロサッカー選手）

大切なのは、一つの新しいアイデアを生み出すこと。それが皆に受け入れられ、真似されたら、すでに認められたという標なのです

ジョエル・ロブション（料理人）

ビバップの本質は変化であり、進展だ。じっと動かず、安全にしているのとは違う。創造しつづけようと思う人間には、変化しかあり得ない。人生は変化であり、挑戦だ

マイルス・デイヴィス（ジャズ・ミュージシャン）

大切なことに気づく場所は、いつも、パソコンの前ではなく、青空の下だった

高橋　歩（作家）

才知と狂気は縁つづき、薄い仕切りが二つを分かつ

ジョン・ドライデン（詩人）

独創的なものは、はじめは少数派にきまっている

湯川秀樹（理論物理学者・ノーベル物理学賞受賞者）

既定の価値観の中でやっていたらつまらない。異端でありたい

野依良治（化学者・ノーベル化学賞受賞者）

常に刺激を求めるということから自分の感性を高め、創造力を養うという、そういう努力を続けなきちゃだめですね

浅田　篤（シャープ開発者・副社長）

素人発想、玄人実行

金出武雄（カーネギーメロン大学教授）

化学は予期しないことが起きる。そこで独創性が問われると思います

白川英樹（化学者・ノーベル化学賞受賞者）

〝オリジナル〟なアイデアを何かひとつでも創り出したい。もしかしたら、30年かかるかもしれない。でも、ひとつでも創り出すことができたなら、その30年の努力は価値のあることだと思う

レディー・ガガ（歌手）

どこか遠くへ行きなさい。仕事が小さく見えてきて、もっと全体がよく眺められるようになります

レオナルド・ダ・ヴィンチ（芸術家・自然科学者）

想像力は万事を左右する

ブレーズ・パスカル（数学者・物理学者・哲学者）

ふしぎだと思うこと　これが科学の芽です。よく観察してたしかめ　そして考えること　これが科学の茎です。そうして最後になぞがとける　これが科学の花です

朝永振一郎（理論物理学者・ノーベル物理学賞受賞者）

「想像力・創造力の鍵は、リラックス、努力、執念だ！」

想像力・創造力は、前章のノウハウ・スキル向上や研究開発と密接に関係している。いや、直結していると言っても良いだろう。なぜなら、ノウハウ・スキル向上や研究開発には、想像力・創造力が不可欠であるからだ。想像力・創造力を働かせてこそ、ひらめきがありアイデアが生まれ、そしてそれがノウハウ・スキル向上や研究開発に結びつくのである。

その想像力・創造力の発揮には、様々な条件や環境、あるいは心的態度がポイントになる。その一つが、〈リラックス〉であろう。**クラウンレコード会長の有田一寿は、「朝から晩までしかつめらしく張り切っている経営者によいアイデアが生まれず、かえって心や生活に余裕をもっている経営者のほうが素晴らしい着想を得る」**という言葉を残している。

また興味深い事に、想像力や創造力を発揮するのに、いささか邪魔になるものがある。意外な事に、それは知識である。もちろん、知識は想像力・創造力の背景であるが、それに心血を注ぐあまり、斬新、画期的と思われる程の想像力や創造力、または発想力の成長・養成を阻害する一因になっている可能性はある。知育偏重の弊害である。編者のこの見方は別として、次の三名の金言・格言の中にも知識はあくまでも単に知識という考え方がうかがえる。

「学問の深さで、よい製品作りができるわけではない」高橋高見（ミネベア社長・会長）

「想像力は、知識よりも大切だ。知識には限界がある。想像力は、世界を包み込む」アルベルト・アインシュタイン**（物理学者・ノーベル賞物理学賞受賞者）**

「時には常識や知識から開放され、思いつきと言うものを大切にしてみてはどうだろうか」松下幸之助（**松下電器産業創業者**）

如何であろう。あまり勉強は得意ではなく、博識とは遠い存在の人も少しは励まされたのではないだろうか？

また想像力・創造力を培い発揮するにはやはり、努力や執念というものが欠かせないようだ。数々の製品を世に送り出した**アメリカの発明家、トーマス・エジソン**の次の言葉はあまりにも有名であろう。

「天才とは、一％のひらめきと九九％の努力である」。またエジソンは、こんな言葉も残している。

「ほとんどすべての人間は、もうこれ以上アイデアを考えるのは不可能だというところまで行きつき、そこでやる気をなくしてしまう。いよいよこれからだというのに」

想像力や創造力というと、一瞬のひらめき、というイメージが強く、またそれは間違いではないだろう。しかし、その前段階として、努力や執念といったものが必要になる、という事も一つの真実ではないだろうか。エジソン以外にも、その点を指摘する科学者は、次の二人以外にも多い。

「発見は、前もって積み重ねられた苦しい努力の結実です」マリー・キュリー（物理学者・化学者・ノーベル物理学賞と化学賞を受賞）

「アイデアの秘訣は、執念である」湯川秀樹（理論物理学者・ノーベル物理学賞受賞者）

視野を事業というレベルに拡げてみよう。誰かが非凡なる想像力・創造力を用い、独創的な製品を開発したとする。その製品に確かな需要があり、販売力を整えれば、資金は供給され、事業化が可能となる。これは個人ならば起業という事であり、企業の場合は、言わば新製品開発による企業内起業や新規事業の立ち上げといった事になろう。マイクロソフトやアップル、グーグルなどの成功を振り返れば、想像力や創造力を背景にした独創的な商品が世界的事業を生み出すというのは、けっして夢物語ではない事が分かる。その点を**本田技研工業創業者の本田宗一郎**は、次のように語っている。

「目まぐるしく進歩する時代には独創性、つまりアイデアが資本に代わって重要なものになった」

想像力・創造力の大切さを端的に表した金言・格言である。あなたの他愛のない想像・創造が認められ、それが商品となって市場に出回る可能性はまったくゼロではない。明日のビル・ゲイツ、スティーブ・ジョブズは今、どこで何をしているのであろうか？

11章

仕事と社会、人生との関わり

社会人になれば、好むと好まざるとに関わらず、与えられた仕事を遂行する事により、社会生活を営み、人生を送っているものだ。その仕事には多様な面がある。すなわち、生活の糧、つまりお金を得るための手段という面がまずある。また、それを通じて世の中・社会に貢献するという面もある。

一方、自己実現の手段や場という面もある。「そんな事、当たり前。わざわざ意識する程の事ではない」と、多くの人は思っているであろう。しかし、改めて仕事というものを考えた時、そこには様々な奥深いものが含まれている事を再認識するのではないだろうか。

日々、自分はどのような意識でそれに取り組んでいるか？　お金、達成感、社会貢献……等々、人によって考え方は様々だろうが、少なくとも毎日、つまらないと感じながら仕事をするのは不幸な事と言える。ちょっとした気持ちの切り替えにより、それまでつまらないと思っていた仕事に、思わぬ魅力を発見できるかも知れない。ここでの金言・格言がきっと、そのヒントになるであろう。

一本のピンもその働きは国家につながる

豊田喜一郎（トヨタ自動車工業創業者）

結局、人は一生涯、努力を続けること、しかも楽しく努力することこそ、すなわち人生であると、徹底的に悟らなければならない

本多静六（林学博士・日本の公園の父）

計画のない実践は、海図のない航海に似ています。それは航海というより漂流です

田島義博（経済学者）

人間は働きすぎてだめになるより、休みすぎてサビ付く方がずっと多い

カーネル・サンダース（ケンタッキーフライドチキン創業者）

人間の持つ性情のうちで最も強いものは、他人に認められることを渇望する気持ちである

ウィリアム・ジェームズ（哲学者・心理学者）

私にとって、仕事は単なる習慣とか経済上の問題ではありません。危険と刺激に満ちた、豊かで果てしのない冒険なのです。自分にぴったりの仕事、満足のできる仕事をする幸運に恵まれれば、人生の何たるかも理解できるようになります

ルチアーノ・ベネトン（実業家）

この世に「雑用」という用はありません。私たちが用を雑にした時に、雑用が生まれます

渡辺和子（ノートルダム清心学園理事長）

障子をあけてみよ。外は広いぞ

豊田佐吉（発明家・実業家・自動織機開発者）

生きる、ということは、徐々に生まれることである

サン・テグジュペリ（作家）

心配するにしても希望を持つにしても、ほどほどにしたほうがいいでしょう

ジェーン・オースティン（小説家）

素晴らしい人生を送ることができたのもお客さま、お取引先の皆さん、社会の皆さん、そして従業員の皆さんのおかげである。おれが死んだら、世界中の新聞にありがとうという感謝の気持ちを掲載してほしい

本田宗一郎（本田技研工業創業者）

賞賛による堕落から逃れる方法はひとつ。仕事を続けることである。人は、立ち止まって賞賛に耳を傾けがちであるが、唯一なすべきは、賞賛から目をそらし、仕事を続けること。それ以外の方法はない

アルベルト・アインシュタイン（理論物理学者・ノーベル物理学賞受賞者）

人生はできることに集中することであり、できないことを悔やむことではない

スティーヴン・ホーキング（理論物理学者・ケンブリッジ大学教授）

人生はB級映画に似ている。途中でやめようとは思わないが、二度と見ようと思わない

テッド・ターナー（CNN創業者）

朝は三分早く起きて新聞を読み、コーヒーを楽しみ、余裕をもって会社の門をくぐりたまえ。朝をベストコンディションにしておくことは、長い人生随分違いが出てくるよ

大渡順二（医事評論家）

私は毎朝目を覚ますと、「今日もええことがあるぞ、ええ一日になるぞ」と自分に語りかけて寝床を蹴って起きることにしている。そうすると、心に〝勢い〟と〝張り〟が出てきて、一日一日を生き生きと生きることができる

後藤清一（三洋電機副社長・実業家）

多忙とは怠惰者の遁辞（＝逃げ口上）である。今日すべきことを今日しなかったら明日は必ず多忙である

徳富蘇峰（評論家）

人間は、差が激しい時代が長く続くと、平等にしたとき喜んで働く。ところが平等が長く続くと、残念ながら今度は差が欲しくなる。それが人間の本性だと思う

日下公人（評論家・作家）

いまこの一秒の集積が一日となり、その一日の積み重ねが一週間、一ヶ月、一年となって、気がついたら、あれほど高く、手の届かないように見えた山頂に立っていた、というのが私たちの人生のありようなのです

稲盛和夫（京セラ創業者・第二電電創業者）

人生はマラソンなんだから、百メートルで一等をもらったってしょうがない

石坂泰三（第一生命保険社長・東芝社長・経団連会長）

「生涯現役」という言葉は好きじゃない。そういって悪く居座る人もいるからね。「生涯現役」じゃなくて、「生涯一書生」

城山三郎（小説家）

世間は生きている。理屈は死んでいる

勝　海舟（幕臣）

よく聞け、金を残して死ぬ者は下だ。仕事を残して死ぬ者は中だ。人を残して死ぬ者は、上だ。よく覚えておけ

後藤新平（政治家）

人たる者は、ただ一身一家の衣食が不足ないといって自分を満足させてはいけない。人が天から与えられた使命はもっと高いところにある。人間社会の仲間に入り、その立場でもって社会のために勉強し、貢献していくのである

福沢諭吉（蘭学者・著述家・教育者・慶應義塾創設者）

未来は与えられるものではなく創るもの

國中　均（航空宇宙工学者・「はやぶさ」のマイクロ波放電式イオンエンジン開発）

他人の繁栄をはからなければ、みずからも栄えない。
　個人や企業の繁栄が、そのまま社会の繁栄へとつながっていく

吉田忠雄（ＹＫＫ創業者）

人生は素晴らしい。夜が明けるとまた新しいドラマが待っている

孫　正義（ソフトバンクグループ創業者）

同じ事業をやるなら、人間は自分の好きな事業に手を出すべきだ

大谷竹次郎（松竹創業者）

ただ食えて、生命をつないでいるだけじゃ、辛いよ。たとえ生活の不安がなくても、毎日が実に空虚だし、実際、むなしい。何を自分はほんとうにやりたいのか。そうなってからじゃ、もう遅いんだなぁ

岡本太郎（芸術家）

諸君自身の生活を楽しめ。これを他人の生活とくらべたりしないで

ニコラ・ド・コンドルセ（数学者・哲学者）

およそ人間の地位や名誉、財産ほどくだらないものはない。
わしは無一文で生まれてきたのだから、無一文で死ぬのが理想だ

矢野恒太（第一生命保険創業者）

人生劇場に代役はない

松野幸吉（日本ビクター社長・会長）

「最もよく人を幸せにする人が最もよく幸せになる」――これが七十余年に及ぶ人生を振り返って得た結論であり、同時に私の信条信念である

立石一真（オムロン創業者）

こころよく我にはたらく仕事あれ　それを仕遂げて死なむと思ふ

石川啄木（歌人・文学者）

自分の生きているあいだ、何ともいえない楽しさ、朗らかさ、おもしろさの絶えざる連続だというような生き方にしなきゃあ

中村天風（思想家・実業家・日本初のヨーガ行者）

人生は何事もなさぬにはあまりに長いが、何事かをなすにはあまりに短い

中島　敦（小説家）

われわれは何かを得る事によって生活しているが、
人生は与えることによって豊かになる

アルベルト・シュヴァイツァー（医師・哲学者・音楽家）

牧場の奏でる調べや、森をたたえる交響楽に耳を傾けるひまもなくなるほどあくせく働いたり、せかせかしたって始まらない。この世には富よりはるかに重要なものがある。楽しみを味わうささやかな心がけもその一つだ

デール・カーネギー（教育者）

自分の職業は社会にやらせてもらっているのだ。いいかえれば社会に奉仕貢献することによってのみ存在しうるのであり、そうでなければこの仕事はまったく存在価値がない

松下幸之助（松下電器産業創業者）

「仕事を楽しく行なう事が、家庭を、日常を、人生を楽しくする！」

重ねて述べるが、仕事には大きく三つの面がある。生活の糧、すなわちお金（賃金）を得る事。次に自己実現。そして製品やサービスなどを通じて社会的役割を果たす、または社会貢献を果たす事である。

経営者、公務員、会社員、個人事業主、アルバイトなど、それぞれ立場や身分に違いはあるものの、またそれを意識・自覚しているかどうかは別として、〈働くすべての人〉は、誰しも前述の三つの面に関わりながら各自の仕事に取り組んでいるのだ。最も幸福な人は、好きな仕事で十分なお金を取得し、さらにその仕事が大変世の中に役立っているような人であるが、そういう人は、ごくごく一部というのが実情であろう。

「素晴らしい仕事をする唯一の道は、それを好きになることだ。まだ見つかっていないのなら、探す努力を続けることだ。やめてはいけない」スティーブ・ジョブズ（アップル創業者）

「楽しんでやらなきゃなにごとも身につきはしません」ウィリアム・シェー

クスピア（劇作家）

　この二人の金言・格言でも分かるようにまず、自分が好きな仕事に就けている事は非常に幸せな事だと言える。もちろん世の中の人が皆、嫌いな仕事に就いているわけではない。また最初は嫌いと思っていた仕事であっても、徐々にその仕事が好きになっていく事もある。しかし、人と仕事には適性や相性というものが現実にあり、あの有名人もこういう事を言っている。

「『休みをとりたいなぁ』と思ったらその仕事はあなたに合っていない。理想的な仕事とは、仕事と休みの区別がつかないようなものである」ドナルド・トランプ（実業家）

　また、嫌いという程ではないが、いま一つ仕事に興味が持てない、あるいは意欲が湧かない、といった人は多いのではないだろうか。そういった人達は概して、どうしても仕事に対する熱心さに欠け、非効率的、非合理的な仕事ぶりを示す事になる。そういった人達に対し、**「なんとなしにその仕事をしているようではけしからん。あなた一人というものは社会にとって尊いものだ。その尊いあなた自身を生かさないようでは困る」と、松下幸之助（松下電器産業創業者）**は手厳しい。

今、取り組んでいる仕事に対する意識は人によって様々だろうが、どのような仕事であれやはり、しっかりと遂行し、組織内での役割、また社会的な役割を果たすのが、社会人としての最低限の責務なのである。一方、人はより幸せになろうとする存在である。その観点から、**アメリカの実業家であり百貨店王のジョン・ワナメーカー**は、仕事と幸せの関係性を「**自分の人生を愛し、その日の仕事を完全に成し遂げて満足した。こんな軽い気持ちで晩餐の卓に帰れる人が、世にもっとも幸福な人である**」と語っている。

繰り返し述べるが、仕事には製品やサービスなどを通じての社会的役割の遂行や社会的貢献という面がある。その事について、**江戸時代の測量家であり日本地図の生みの親とされる伊能忠敬**は、「**後世の役に立つような、しっかりとした仕事がしたい**」と語っている。

この精神・考えは今日も生きており、それを端的に表しているのが次の二人の金言・格言である。

「事業を始めるとき、金儲けをしようという気持ちはなかった。何か世の中を明るくする仕事は無いかと、そればかり考えていた」安藤百福（日清食品創業者）

「まず第一に、つねにどういう商品をつくり出せば多くの人に喜んでもらえるかを考えて開発にあたることである。つまり売れる商品、儲かる商品を考える前に、社会への貢献を考えるのである」樫尾忠雄（カシオ計算機創業者）

以上、仕事を主に自己実現や社会的役割・社会貢献の観点から述べてきたが、最後のまとめとして次の二人の金言・格言を紹介しておきたい。

「職場生活での充実や満足があって、初めて私生活での喜びや安息が得られるのだ。両者は『二つの生活』として連続し、両方を立てることによって、お互いが生きてくる」土光敏夫（石川島播磨重工業社長・東芝社長・臨時行政調査会会長など歴任）

「人生の最大幸福は家庭生活の円満と職業の道楽化にある。（略）職業の道楽化というのは、職業の芸術化、趣味化、遊戯化、スポーツ化等々、（略）日々のつとめが愉快でたまらぬ、面白くてしょうがないというところまでくればよろしいのである」本多静六（林学博士・日本の公園の父）

あとがき

近年、国内外において、混迷の度合いが深まっている。すなわち、地球温暖化による世界的な異常気象にテロ、難民問題、不安定な経済状況、散発的な感染症発生……等々が挙げられる。日本においても、長く続いたデフレ不況からの脱却に確かな実感を持てぬまま、東日本大震災、非正規就業人口や生活保護受給人口の高止まり、待機児童問題、そして少子高齢化など、課題は山積している。

いわゆる閉塞感が世の中に漂い、うつ病患者を含む精神疾患の罹患者数は、増加傾向を辿っている。そのような現象がまさに、〈生きにくい時代〉を物語っていると言えよう。

しかし、いかに現実が厳しいからといって、立ち止まり、それを回避する訳にはいかないのが人生や生活というものである。生きていく限り、仕事を通じて何らかの社会的役割を果たすと同時に、お金という生活の糧を得なければならない。職場は、そのための土俵やリング、フィールドのようなものなのだ。

その土俵やリング、フィールドの世界は、けっして生易しいものではない。

そこは戦いの場であり、競い合い、鍛錬し合う空間である。

そのような職場においては、新しいプロジェクトに期待を膨らます、仕事仲間ができる、達成感を味わうといった喜ばしい事がある反面、様々な迷いや不安、焦り、課題が生じ、歩むべき道の羅針盤を失う事も多々ある。

すなわち、「まえがき」でも述べたが、結果・成果が出せずに焦る、上司や同僚と上手くいかない、チャンスを生かせず失敗した、自信を喪失した、良いアイデアがなかなか出せない、仕事への意欲が湧かない、賃金に不満がある、仕事への適性に疑問を持ち始めた……等々である。

あなたが、そういった状況や心境に陥った時、本書に収めた金言・格言の中からきっと、それを打破するヒントが見出せる事を願っている。

歴史に名を残した偉人や何かの世界で一流の実績を残した人々の言葉には、薄っぺらではない、重く、かつ深いものがある。それらに触れて、また読者が明日への思いを新たにする事ができれば、筆者としては、幸甚の至りである。

最後に、本書を出版するに際し、いろいろとアドバイスを頂いたベストブック編集部の皆様には、改めてここで感謝と御礼の意を表したい。

黒岩勇一

【参考文献】

▲『D・カーネギー名言集』(神島康訳/2000年10月/創元社)▲『天才・イチロー　逆境を超える「言葉」』(児玉光雄著/2013年3月/イースト・プレス)▲『孫正義　名語録　夢を成すためのリーダーの心得100』(三木雄信著/2011年2月/ソフトバンククリエイティブ)▲『1分間スティーブ・ジョブズ　人生に革命を起こす77の原則』(桑原晃弥著/2011年2月/ソフトバンククリエイティブ)▲『折れない心を支える言葉』(工藤公康著/2012年1月/幻冬舎)▲『野村の「人生ノート」夢をつかむ特別講義』(野村克也・野村克則著/2012年6月/日本文芸社)▲『20世紀名言集【科学者/開発者篇】』(造事務所編著/2000年11月/情報センター出版局)▲『20世紀名言集【スポーツマン篇】』(造事務所編著/2000年8月/情報センター出版局)▲『経済人の名言・上　勇気と知恵の人生訓』(堺屋太一監修・日本刑事新聞社編/2004年12月/日本経済新聞社)▲『経済人の名言・下　勇気と知恵の人生訓』(堺屋太一監修/日本経済新聞社編/2004年12月/日経ビジネス文庫)▲『ビジネスマンに贈る　日本人の心に響く名言』(川

村真二著／2002年11月／日本経済新聞社）▲『壁をブチ破る　天才100の言葉』（山口智司著／2008年4月／彩図社）▲『日本人なら知っておきたい名言100』（木村進著／2014年12月／総合法令出版）▲『世界名言集』（岩波文庫編集部／2002年5月／岩波書店）▲『本気になればすべてが変わる』（松岡修造著／2011年8月／文藝春秋）▲『生きる力がわいてくる名言・座右の銘1500』（インパクト編／2011年8月／永岡書店）▲『現役ビジネスマンが選んだ名言一八〇』（大西啓義著／1994年9月／総合法令）▲『本田宗一郎語録』（本田宗一郎研究会著／1998年8月／小学館）▲『本田宗一郎　夢を力に　私の履歴書』（本田宗一郎著／2001年7月／日本経済新聞社）▲『なぜ君は働くのか　松下幸之助　運命の言葉』（小宮一慶著／2012年6月／主婦の友社）▲『人生で大切にすること』（ビル・ゲイツ・シニア／メアリー・アン・マッキン著／2010年3月／日本経済新聞社）▲『夢は必ずかなう――物語　素顔のビル・ゲイツ』（小出重幸著／2005年6月／中央公論新社）▲『マイクロソフト――ビル・ゲイツ（世界を変えた6人の起業家1）』（デーヴィット・マーシャル著／常盤新平訳／1997年4月／岩崎書店）▲『笑顔で生きる魔法の言葉』（高橋尚子著／

2012年4月／角川書店）▲『蹴球神髄　サッカーの名言集』（岩永修幸編／2005年4月／出版芸術社）▲『続蹴球神髄　サッカーの名言集』（岩永修幸編／2005年11月／出版芸術社）▲『続々蹴球神髄　サッカーの名言』（岩永修幸編／2006年5月／出版芸術社）▲『鑑賞漱石語録』（坂本育雄著／1980年5月／桜楓社）▲『漱石「こころ」の言葉』（夏目漱石著／矢島裕紀彦編／2014年6月／文藝春秋）▲『孫正義　危機克服の極意』（新書編集部編／2012年6月／光文社）▲『北島康介　夢、はじまる』（折山淑美著／2008年7月／学習研究社）▲『宮本武蔵の「五輪書」』（竜門冬二著／2002年8月／PHP研究所）▲『帝王ジャック・ニクラウス――私の履歴書』（ジャック・ニクラウス著／2006年8月／日本経済新聞社）▲『不滅のゴルフ名言2』（摂津茂和著／2009年2月／ベースボール・マガジン社）▲『マイルス・デイヴィス自伝』（マイルス・デイヴィス／クィーシー・トゥルーズ著／2015年4月／シンコーミュージック・エンタテイメント）▲『KAWADA夢ムック　文藝別冊　古今亭志ん生』（河出書房新社編集部／2006年3月／河出書房新社）▲『綱の力』（九重貢著／2011年1月／ベースボール・マガジン社）▲『ロブション自伝』（ジョエル・ロブション／2008

年3月／中央公論新社）▲『真説　青木功』（菊谷匡佑著／2010年6月／学研パブリッシング）▲『叢書・20世紀の芸術と文学　プラシド・ドミンゴ　オペラ62役を語る』（ヘレナ・マテオプーロス著／斎藤静代訳／2001年6月／アルファベータ）▲『違作　横山やすし日記』（横山やすし・保志学著／1997年1月／双葉社）▲『愛でもくらえ』（ビートたけし著／1999年2月／祥伝社）▲『ウォルト・ディズニー　創造と冒険の生涯』（ボブ・トマス著／1983年1月／講談社）▲『ドラッカー名言集　変革の哲学　変化を日常とする』（ピーター・F・ドラッカー著／上田惇生編訳／2003年8月／ダイヤモンド社）▲『強く生きる言葉』（岡本太郎著／2003年4月／イースト・プレス）▲『壁を破る言葉』（岡本太郎著／2005年4月／イースト・プレス）▲『ビル・ゲイツ　立ち止まったらおしまいだ！　世界最高の起業家の洞察力』（ジャネット・ロウ著／中川美和子訳／1999年7月／ダイヤモンド社）▲『ビル・ゲイツの未来哲学　技術力・創造力・経営力に終わりはない』（スティーブ・ディアラブ著／江崎伸治訳／2000年11月／PHP研究所）▲『マーフィー名言集　あなたを成功に導く568の言葉』（しまずこういち著／1984年4月／産能大学出版部）▲『時代を変えた科学者の名言』（藤

嶋昭編著／２０１１年４月／東京書籍）▲『アインシュタイン１５０の言葉』（ＣＯＭＰＩＬＥＲ・ジェリー・メイヤー／ジョン・Ｆ・ホームズ／１９９７年４月／ディスカヴァー・トゥエンティワン）▲『プロフェッショナル１００人の流儀』（藤尾秀昭監修／２０１５年７月／致知出版社）▲『私の好きな言葉』（佐藤秀郎編／１９８５年１月／講談社）▲『人を動かす名言名句集』（塩田丸男・鈴木健二監修／１９９８年11月／世界文化社）▲『忘れかけていた人生の名言・名句』（森村誠一著／２００８年11月／角川春樹事務所）▲『名言』（「座右の銘」研究会編／２０１１年２月／里文出版）▲『日本語を使いさばく　名言・名句の辞典』（現代言語研究会／２００８年４月／あすとろ出版）▲『20世紀名言集　スポーツマン篇』（ビジネス心理研究所編２０００年８月／情報センター出版局）▲『翼のある言葉』（紀田順一郎著／２０１２年８月／新潮社）▲『一流人　私の好きな言葉』（佐藤秀郎編／１９８１年４月／講談社）▲『世界の名言１００選』（金森誠也／２０１４年２月／講談社）▲『世界の名言・名句新辞典』（旺文社編／１９９０年６月）▲『世界名言集』（岩波文庫編集部編／２００２年５月／岩波書店）▲『すごい言葉』（晴山陽一／２００４年10月／文藝春秋）▲『仕事に活きる名言・名句』（日本経済新聞社編／１９９７年６

月／日本経済新聞社）▲『いい言葉が人生を変える』（塚本晃生著／2007年12月／廣済堂出版）▲『思わずニヤリとする言葉』（晴山陽一／2009年8月／青春出版社）▲『決めぜりふ』（齋藤学著／2009年12月／世界文化社）▲『ギリシャ・ローマ名言集』（柳沼重剛編／2003年1月／岩波書店）▲『巨人・渋沢栄一の「富を築く100の教え」』（澁澤健著／2007年4月／講談社）▲『こころがフワッとする言葉』（有川真由美著／2010年3月／廣済堂出版）▲『こころを育てる魔法の言葉　1・2・3』（中井俊巳／2010年2〜3月／汐文社）▲『心を揺さぶる名経営者の言葉』（ビジネス哲学研究会／2011年4月／PHP文庫）▲『ことわざ・名言辞典』（永岡書店編／1995年10月／永岡書店）▲『座右の銘』（「座右の銘」研究会編／2009年5月／里文出版）▲『座右の銘が見つかる本』（今泉正顕／2010年12月／三笠書房）▲『人生の指針が見つかる「座右の銘」1300』（別冊宝島編集部編／宝島社）▲『生きる力がわいてくる　名言・座右の銘1500』（インパクト／永岡書店）▲『日本人なら知っておきたい名言100』（木村進著／2014年11月／総合法令出版）

黒岩 勇一（くろいわ ゆういち）
ユーモア総合研究所所長。昭和29年福岡県生まれ。昭和55年早稲田大学卒。市場調査会社、出版社などを経てフリーランスに。自動車メーカーなどのＰＲ誌や新聞のＰＲ記事などの制作に携わる。その後、各種雑誌に携わる傍ら、健康・医療や食文化関係などの単行本を執筆。ゴーストライターの一面も持つ。著名人のインタビュー多数。名言・格言・諺にも関心があり、単行本執筆の経験あり。著書に『笑化力』（小社刊）など。

仕事を投げ出したくなった時に読む金言・格言

2016年10月11日 第1刷発行

編著者	黒岩 勇一
発行者	千葉 弘志
発行所	株式会社ベストブック 〒106-0041 東京都港区麻布台3-4-11 麻布エスビル3階 03(3583)9762(代表) 〒106-0041 東京都港区麻布台3-1-5 日ノ樹ビル5階 03(3585)4459(販売部) http://www.bestbookweb.com
印刷・製本	中央精版印刷株式会社
装　丁	クリエイティブ・コンセプト

ISBN978-4-8314-0209-7 C0030